I0789264

# La trama de los tramoyistas

**Crónica heterodoxa de la historia de España entre 1976 y 2011**

Miguel Ángel Olmedo Fornas
Luz Trujillo

# La trama de los tramoyistas

# Índice

# Crónica heterodoxa de la historia de España entre 1976 y 2011

## En el camino que va de ayer a hoy

Nos gusta pasear. Mientras caminamos por el mundo inmediato sin forzar la percepción vemos, pensamos y sentimos como cualquier persona dotada de criterio integrada en una sociedad amplia, compleja y estructurada en sus diferencias. Una sociedad poliédrica, oscilante y sinuosa a la par, en la que se aprecian diversos focos activos, situados para motivar a las cámaras y a los micrófonos, que incitan nuestra curiosidad y alertan a la precaución.

—Allí arriba, ten cuidado.

Llueven cascotes; rezuman de nobles edificios fragmentos de cornisas, de frisos y de alegorías llevadas al presente; desahuciados de sus atalayas parten al exilio de los depósitos de penúltima morada los escudos pétreos con talla artística, alcurnias y siglos de vigencia; los altorrelieves, las esculturas al aire que presidían un determinado conjunto y otros ornamentos desprendidos por onda expansiva, o percusión continuada, trazan un arco de renuncia forzosa, impactantes al contacto con el sufrido lecho terrenal. Son elementos culpables de forjar una historia no deseada por los que de España sólo admiten las derrotas que a la nación todavía no han logrado infligir.

"Muera España", se gritaba —y auspiciaba— durante la II República con voz y en gran pancarta. "A ver si de una maldita vez muere o la matamos", que la condenada resiste a traiciones y guerras, a negocios, invasores y gobernantes.

Qué energía la de España. Es admirable; bueno, en realidad es milagroso que se sostenga en pie, o casi, con tanto enemigo dentro y tanto errático defensor.

Vuela el águila de san Juan en caída libre, con las alas amputadas pero orgullosa de su origen y su trascendencia: "Si Isabel y Fernando levantasen la cabeza..." Si los Reyes Católicos asomaran por este paisaje quizá guardaran las apariencias, porque la dignidad obliga, pero no estamos seguros de que cedieran a la transacción de una política al uso para mantener el cargo y sus aparejados privilegios. Han pasado cinco siglos y unas décadas que han constituido de una vieja Nación el Estado más antiguo de Europa, que no es poco, tiempo de adaptaciones al medio, a los fines y a los comunicadores; la monarquía no es una excepción a la hora de nadar —acordar— y guardar la ropa —el trono. El águila de san Juan ha vivido épocas mejores, también el escudo que porta en sus entrañas. Su vuelo desmayado suspira una pena de amor sin correspondencia.

—Mira al frente...

—Pues por detrás...

Conviene resguardarse de las inclementes algaradas. Tantos años esperando una reacción ciudadana que modificara —con visos de autenticidad— la perniciosa deriva mantenida desde la redacción del artículo octavo de la Constitución de 1978 —además interpretable a gusto de los separadores—, y cuando las urnas deciden la alternancia en la gestión de la cosa pública, los afectados por la democracia niegan legalidades y legitimidades ocupando todos los espacios que se pongan a tiro con el indubitado propósito de recuperar el gobierno de la nave y la tripulación. La excusa es lo de menos, pues al cabo la actuación coactiva, agitadora y propagandista, sustenta su imperio en la mentira y en el miedo: la mentira impone y el miedo somete.

Cuántas informaciones nacen a modo de noticias, editoriales o comunicados, con idea de alterar las conciencias y desvirtuar las opiniones —"Que la verdad no nos fastidie la noticia"—, elaboradas en cocinas de campaña subterráneas —"Si la verdad nos contradice, convirtamos nuestra mentira en la única verdad". Se les da crédito no tanto por las fuentes emisoras como por la inercia que ha sembrado una práctica tendenciosa que viene de antiguo. Nada nuevo pulula bajo el Sol, se dice para expresar que los episodios, así como las intenciones, cumplen ciclos, porque el origen —la causa de la causa— es el ser humano en su alardeada dimensión transformista, camaleónica, mutable. Donde se reconocían dos brazos y dos piernas se descubren cuatro patas; donde una lengua mamífera, otra bífida, viperina y adherente; donde sentidos, sensores; donde *homo erectus*, mutaciones rastreras, reptantes y colgantes. En definitiva, un muestrario de habilidades cuyos efectos contaminan con vapores mefíticos —danzarines macabros—, de los que respira el ciudadano velis nolis; los hay que se acostumbran, incluso agradecidos por el contagio, y los hay que repudian esas influencias periódicas con denuncia y oposición valientes.

—Aquí abajo, ten cuidado.

Asumimos riesgos para llegar al fondo de los asuntos, si no te mojas el culo no comes pescado, pero sin tropezar. Por debajo de los pies se mueve el suelo. A las zanjas se unen los baches, los túneles, la red de alcantarillado y los intrincados sumideros, laberínticos ellos, con dependencias para uso determinado y exclusivo de sus designados moradores, que damos en llamar cloacas. Un mal paso y penetramos el subsuelo, ¿o habría que decir submundo?, ¿o tal vez centro neurálgico del destino?, ¿o intercambiador hacia el nuevo orden mundial? Un mal paso y nuestros huesos lamentarán la audacia. Por si acaso, de momento, es acertado apartarse, tantear el terreno y mirar con prudencia el mundo en torno.

Pero como la curiosidad incita, prestamos oído al transfronterizo canto del faisán, metido en una jaula-*zulo*, que asciende entrecortado como las imágenes suprimidas que no enseñan lo que ocurre pese a ser ese su cometido; y al muy profundo tejemaneje en disimulo y destrucción olorizado de explosivo, que dio resultado y óptimo beneficio a los patrocinadores de los atentados del 11 de marzo de 2004.

Bajo una gruesa capa de ignorancia voluntaria e institucionalizada —que es la peor—, de resignado acomodo, de infame olvido y de cobarde asunción de los postulados que esparcen los autores, cómplices y encubridores de los hechos, la manipulación informativa y el posterior silencio delimitan la senda de tránsito que garantiza al poder una suerte de impunidad infranqueable. Sesiones de control al Gobierno a modo de disputas parlamentarias, en el Congreso y en el Senado, dialécticas retóricas tendentes a lo vacuo por lo insustancial y consabido, describen un panorama de alternancia en el uso de la palabra, la réplica y la dúplica, el gesto, la mueca y la pose. Hoy dice el portavoz del Gobierno en curso lo que ayer dijo el portavoz del Ejecutivo cesado por las urnas (o por acuerdo entre formaciones políticas con plaza en el hemiciclo de la Carrera de san Jerónimo); ayer dijeron las portavocías de la oposición, luego ascendida a Gobierno, lo que hoy dicen las portavocías de quienes gobernaron y ahora se raspan los entresijos con lengua áspera y maquinan con imperiosa necesidad el regreso a los bancos azules.

—¿Será por dinero, por recursos, por accesos?

—Por eso, por lo bien que se vive a expensas del alienado contribuyente y por la inefable vanidad del ser humano sobre todo cuando desconfía —y con razón— de su aptitud para alcanzar ciertos anhelos publicitados en los medios de comunicación como la cima del éxito para los mediocres.

Porque la política al uso —no hay más que fijarse—, es la pista de despegue hacia los sueños imposibles en una sociedad que ha distraído el sentido común y la exigencia insobornable para con sus gobernantes y demás representantes del espectro de Organismos e Instituciones del Estado: consejos de administración, direcciones generales, ministerios, presidencias varias, consulados, embajadas, cargos en organismos nacionales e internacionales. Los requisitos para obtener tales concesiones de los electores y de los elegidos lejos de vincularse al esfuerzo personal, al mérito académico sin trampa ni cartón, a la experiencia contrastada y al reconocimiento de los pares —una agrupación de sabios sin adscripción ideológica de corte totalitario— y del público con criterio, pasan por la adhesión inquebrantable al que ha llegado primero o al fundador del tinglado, la obediencia sin fisuras y el servicio integral mientras dure la misión encomendada, el desconocimiento de lo esencial y la disposición absoluta a la causa con lo que conlleva, y que nadie se engañe al respecto. En síntesis, estas son las directrices a seguir para integrarse en la masa de maniobra, primero, en la de asalto, en peldaño ascendente, a continuación en la de control interno y labores de zapa, y por último —reservado a los más afortunados por los patrocinios dirimentes—, el ingreso en la nómina del grupo al mando.

—Inventados los currículos, falseadas las titulaciones, omitidas las carencias, impostada la voz, ensayada la puesta en escena, reiterado hasta la náusea el discurso, unas cuantas capas de barniz en el rostro, fauces y tragaderas de cuento para adultos y a la orden del patrón.

—Demostrada la permanencia, cumplido el expediente a satisfacción de la jerarquía, probado el servilismo y la vocación arribista.

Y con los años, se comprende que para premiar la dedicación de quien en muchos casos no hubiera servido para mozo de cuadras en club de campo en decadencia o chica de alterne en club de carretera con grietas en las paredes y chinches en las sábanas, a esos iconos de la política se les asignan retiros de leyenda —una butaca en el Consejo de Estado, por ejemplo— o jubilaciones doradas; no excluye una prebenda a la otra.

Buscamos con denuedo unas noticias satisfactorias para el interés general de los que nos sentimos españoles; o, en su defecto, los útiles domésticos que ayuden a recomponer lo mucho estropeado, suponiendo que los daños vertidos por las sucesivas patologías que en un lapso breve —iniciado en las postrimerías de 1975— han asolado España, con esa intención que enlaza idéntica y tenaz en las Repúblicas I y II, sean susceptibles de sanación.

Desearíamos que saliera a nuestro encuentro una sorpresa, bien vestida, impecable en sus modales, en realidad un regalo envuelto con el color de la esperanza y lazo a juego; un vaticinio certero con traza arquitectónica de puente sobre la historia que uniera el pasado en toda su dimensión —con esplendores y miserias de las que se aprende— con el futuro, haciéndolo posible a nuestra generación y a las siguientes.

—¿Es mucho lo que pedimos?

—Que por pedir no quede.

El nuestro es un egoísmo caritativo, solidario, a compartir.

Las sorpresas favorables suelen ser reacias a las invocaciones, lo que tiene su lógica, pues una sorpresa de esa clase esperada es una dádiva, una graciosa atribución de la munificente diosa de la prosperidad, una bendición del cielo; como la lluvia tras la pertinaz sequía o el calor del astro rey después de meses de nieblas heladoras.

—Lo que pedimos es un cambio ajeno a la contienda electoral.

—Un cambio de base, ascendente, multitudinario y apadrinado por aclamación.

Un cambio positivo, aspiración humana por excelencia cuando la situación presente agobia, embarga y cubre con un manto de incertidumbre. Un cambio que aliente a seguir creyendo en la viabilidad de la Nación y su inherente proyecto.

—¿Recuerdas?

—Como si fuera hoy.

"Españoles: Franco ha muerto."

La frase de Carlos Arias Navarro el día 20 de noviembre de 1975 dio la vuelta a España descosiendo, con ruido característico, las costuras del vestido nacional. Una transformación en ciernes, tan lógica como anunciada, se tejía —valga la paradoja— en una aceptada clandestinidad pintoresca y folclórica, rebosante de advenedizos a la moda del cambio y sus proclamas de diseño como telón de fondo.

La lectura del testamento de Francisco Franco, advirtiendo el sucinto texto de los peligros obvios para la convivencia de los españoles —los peores en su eficacia por tolerados desde la vista gorda—, alabando, a su vez, la grandeza de la obra conciliadora que honra a quien la extiende, quedó diluida en el estruendo de un disonante coro de ambiciones antagónicas

"Tonto el último", "Se acabó lo que se daba", "Por fin la modernidad", "España ya no será diferente", "¡Basta de España!", "¿España?, ¿eso qué es?", "El pueblo unido conquistará el paraíso", "Menos corbatas y más barbas", "Libertad, manga ancha y que cada cual campe por sus respetos".

Entonces, como ahora que paseamos la distancia con espíritu crítico, libres de prejuicios, el cielo adquirió un tinte oscuro, no se sabe si por el estricto luto o de presagio, que fue difuminando el paisaje con sus cuatro puntos cardinales hasta convertirlo en un mapa de símbolos litigantes y profundos surcos fronterizos que requiere de intérpretes, guías y portavoces con elevados sueldos pagados por los sufridos contribuyentes.

—Pero si hace cuatro días de aquella noticia, como quien dice.

—Ayer, como quien dice.

Jóvenes y curiosos en el tiempo que se cita, nos dirigimos al futuro conscientes de que la historia —la Historia de España—, podía perder muchas páginas, las mejores y las más significativas en la mayoría de los casos, por razones que al sentimiento repugnan y a la verdad, ignorada, ofenden.

Cuántas páginas de nuestra historia se han arrojado al sumidero porque alumbran la raíz y el cuerpo del sentimiento nacional, ese que todavía late y se yergue a pesar de la tarea aniquiladora perpetrada, por activa y por pasiva, en los últimos años.

—De la noche a la mañana, es una manera de indicar para situarnos, hay una variación descollante en el escenario. De repente, abierta la veda, se persigue borrar hechos, nombres y memoria con un fingido propósito de dar a cada uno lo que reclama para sí y en contra de.

—Menudean los pactos para llegar a un entendimiento que haga posible las exigencias dispares, exclusivistas, con la conjugación del verbo progresar.

La entelequia de la prosperidad para todos.

A eso se le llama componenda y nunca trae nada bueno salvo para los que tienen acceso directo a las arcas del Estado.

# I Vocación

## Las dos orillas y un puente

Largas esperas de españoles tristes y pensativos confluían en la cámara de vela donde fueron instalados los restos mortales de Francisco Franco Bahamonde, para dar un sentido testimonio de presencia y recuerdo. No había duda de que el hombre había muerto, era evidente hasta para los acérrimos detractores de su jefatura, que a raíz del hecho natural oteaban la corta distancia con ánimo de tomar posiciones.

"¿No hay peligro?"

"No parece."

"¿Y moros en la costa?"

La Guardia Mora fue disuelta pues ya no tenía a quien custodiar.

"Ya no hay moros cerca, pero se perciben movimientos de asedio en las Plazas de Soberanía."

Con el Ejército en el extremo del punto de mira —sólo una línea por delante de los Cuerpos de Seguridad— de la previsible remodelación de las Instituciones y Organismos del Estado, invocada de urgencia—como tantas otras de disímil encaje que sumaban en la lista de peticiones ante el cambio de régimen—, era prioritario eliminar las trabas que aún pudieran empecinarse en detener o moderar la marcha del cambio.

"¿Quiénes cogerán las riendas?"

"Los que están de la mano con los que deseaban estar."

La novedosa carrera hacia las altas esferas fue un espectáculo. Claro que, visto en perspectiva, apenas si supuso una reconciliadora distribución de los asientos oficiales, *paraoficiales* y *criptooficiales* —muy cotizados éstos— para lo que vino después y que la primera gran crisis global del siglo XXI ha frenado.

Nos preguntamos cuánto durará esta bienvenida moderación.

Mientras, y a duras penas, la casa se va limpiando de viejo polvo, incrustaciones rancias, huellas de ficticios esplendores y gastos suntuarios de mala cicatrización.

Los escalones de acceso a la mirífica cúpula del poder, durmiendo el sueño de los justos durante cuarenta años, notaron la anárquica trepidación de los muchos aspirantes a inscribir su nombre en el grueso libro de actas comprado a un interés desorbitado, previo pago a comisionistas con marchamo de autoridad mundial, aquende y allende los mares; en la ultramarina potencia norteamericana —bola de cristal donde se lee que será, será— y en el mosaico europeo —tapiz grabado de babel, espejo de adulaciones y matriz de copia sin garantía de reembolso. Por aquel entonces, los denominados países emergentes y los colosos asiáticos gestaban su influencia en la descomposición de Occidente, las migraciones subsaharianas y las primaveras árabes. En España añadiríamos la circulación en sentido único, por un puente levadizo, de los hijos de la madre patria en demanda de sustento y calidad de vida.

Con los brazos abiertos y una sonrisa fraternal acogeríamos a quienes nos llamaran. A continuación y con delicada pedagogía exenta de demagogia —según el deponente, como es de imaginar—, explicaríamos que aquí, en

España, a los perros no se les ataba una ristra de longaniza al cuello, pero había trabajo para solicitantes cualificados y menos cualificados y con él una probabilidad de superación, un negocio para los locutorios, el servicio de Correos y las agencias de envío de dinero. Tiempos felices hubo en la España del segundo desarrollo —y si la economía funciona lo demás importa menos o pasa desapercibido—, años de prosperidad y oportunidades repartidas para todos: los esforzados, los diligentes, los emprendedores, los vividores, los tertulianos políticos y los políticos al uso, funcionarios de partido. Los otros funcionarios: de carrera, de favoritismo, de rondón, de asesoramiento y los designados por el nepotismo —dudosos de la utilidad opositora cuando una corriente armoniosa impulsa hacia las costas del medro personal sin auxilio corporativo—, frecuentaban discretos, algunos al acecho, cumpliendo el protocolo de actuación interiorizado. Objetos decorativos tradicionales en una sociedad burocratizada, pintorescos, "Espere a que regrese el funcionario", "Le falta...", "Acuda a la otra ventanilla, al piso... o a...", "Esto viene de...", "Tenemos los mismos derechos que usted", "Ahora voy"; nada preocupante. Luego lo sería, pues más de tres millones de funcionarios alojados en las distintas administraciones engordadas sus nóminas de hoja perenne con haberes, retribuciones complementarias, *moscosos*, dietas y antigüedad, es una rémora imposible para España.

"¿España? Esa denominación es de origen franquista."

De origen franquista es la denominación Estado español, utilizada por sectores de la izquierda que prescindían del centro para colmar sus ansias políticas.

"No diga España, sino *estepaís*."

Adaptación de la progresía mediática, que hizo fortuna como todo lo que denuesta a España —una característica española—, que con perseverante mimetismo divulgó la derecha política tendente al centrismo.

Al final el nombre es lo de menos cuando se ha descuidado, por dejación, la identidad.

"Este país necesita un cambio."

"Vale, pero antes concibamos una transición a la democracia."

La Transición, periodo loado en los foros internacionales a los que llegó la noticia y su resultado, promovida desde las filas franquistas y orquestada por un elenco de intereses contrapuestos que buscaron el acuerdo para repartir un Estado, convalidado en reino a instancias de la Historia, con los excedentes producidos y almacenados por la clase media.

"El gran logro del Régimen."

La Transición capitaneada por el ex secretario general del Movimiento, Adolfo Suárez González, y compartida por figuras del orden reconstituido con amarra casi unánime en el mismo muelle, provocó diálogos de tenor esperpéntico y escribió cuadernos de biografía adulterada.

Nada, nada de lo dicho. Ha sido un lapsus. No hubo logros de mención en el Régimen fenecido; ha sido un baldón en la historia. Se prohíbe hablar bien del pasado en público, queda proclamado en asamblea.

"¿Lo que estaba prohibido en el pasado no era la mendicidad?"

Las voces discordantes no tienen enmienda. Qué manía de no atenerse al guion. ¿Será por afán de protagonismo, por agradecimiento o por devoción a la verdad?

"Sí, hombre, sí. Las enseñas separatistas, la vagancia, los desmanes y el apaleamiento de seres indefensos también fueron prohibidos."

Cosas de las leyes que en cada época presentan un repertorio que las caracteriza.

"Palabrería. El régimen sólo aportó represión y miseria."

Eso, eso y lo contrario.

"Construyamos el futuro entre todos."

Pompa, boato y circunstancia. Voces de ateneo rehabilitado en checa; o al revés y viceversa.

"¿Quiénes? Mire usted que tal frase obliga a mucho, suena a doblar el espinazo y huele a fatiga innecesaria."

Una incipiente promoción de liberados sindicales, afectos al sindicalismo vertical y a las leyes laborales del régimen caducado —la aclaración es fundamental en el momento de exponer—, zascandilean por los corredores que comunican las salas con los despachos.

"Algo habrá que hacer, ¿no os parece? Si la herencia es nefasta no podemos aprovecharla."

"Tanto como nefasta no diría yo."

"Ni yo."

"Bueno, pues cojamos lo válido y sobre ese cimiento edifiquemos la casa del pueblo."

"Para mí individual."

"Sí, y para mí también."

"Los de izquierda se apuntan a la privacidad."

"Es que somos de la nomenclatura."

"Compañeros jerarcas."

"Lo de *pueblo* tiene una derivación revolucionaria que da miedo."

"El dos de mayo se levantó el pueblo contra el invasor, decidido, heroico, patriota. Un orgullo."

"Una equivocación, como la Reconquista; con lo bien que trajinan los masones y los sultanes. El pueblo comete errores de bulto cuando se guía de emociones y sentimientos. Al pueblo hay que dirigirlo..."

"Al estilo bolchevique: seguidme que yo os conduciré al paraíso socialista. El del socialismo real, para más señas."

"¡Qué osadía!"

"¡Reaccionario!"

Con los años el calificativo para los reaccionarios y demás transgresores de las normas de estilo en boga —la progresista retórica, sofística y sinonimia—, fue el de fascistas. Lo que no ha variado es la catalogación para los socialistas, que son lo que son, socialistas, pero con el matiz perennemente enarbolado de que el socialismo está por llegar —como la segunda venida de Jesucristo, valga la comparación—, apostilla salvadora de juicios y reclamaciones por los siglos de los siglos.

En un inciso para reponer posturas alguien, como de pasada, pregunta: ¿Pero Franco ha muerto?

A más de uno se le puede encoger el ombligo e incluso apagar el aliento si el óbito hubiera sido una estrategia política del búnker y no sólo una ocurrencia literaria de Fernando Vizcaíno Casas titulada *Y al tercer año resucitó*.

"Un susto de campeonato."

"De padre, Cid campeador y muy señor mío."

Para despejar la incógnita se ha ofrecido un juez. El juez que otrora señaló con la letra equis —de incógnita despejada—, en sumario que entra y sale del cajón, a Felipe

González Márquez, atribuyéndole vía esa discontinua instrucción la paternidad o, en su defecto pero con igual responsabilidad, el aval necesario y suficiente para la creación y andadura de los Grupos Antiterroristas de Liberación —medio presuntamente oficializado para combatir, en igualdad de condiciones, la actividad terrorista de la ETA, la más persistente, amparada y criminal durante décadas. Acosado por el envite judicial y con una perspectiva negativa en el favor ciudadano ante las elecciones generales de 1993, Felipe González, tanteando la vanidad del instructor, entendiendo que era un infiltrado de la política en la judicatura, le puso el anzuelo de situarlo en el número dos de la lista electoral por Madrid —imagine el lector al perro de Iván Pávlov al oír el tintineo de la campanilla y visionará a este juez al recibir la propuesta—, un condicionamiento clásico de efecto fulminante: "Sí, quiero."

El idilio fue breve, la sucesión imposible. La equis de los GAL, presidiendo el gobierno socialista del PSOE, no cedió a las pretensiones del cazador-conferenciante afincado en la Audiencia Nacional, y la alianza quebró como el Banco de los Pirineos o la Banca Catalana —con los años y los manejos financieros la lista de entidades homónimas arrasadas por la codicia política y aledaños se ha hecho adulta—; con lo que renació la instrucción, a trompicones, desmañada y vengativa, y aunque no llegó a la cota apuntada condujo a la cárcel a un ministro del Interior, a un secretario de Estado para la Seguridad, al secretario general del PSOE en Vizcaya, a dos Gobernadores Civiles de Guipúzcoa, a un general y a un teniente coronel de la Guardia Civil, y a un comisario, un subcomisario y un inspector del Cuerpo Nacional de Policía. Acusados de secuestro, malversación de caudales públicos, complicidad en secuestro, detención ilegal y asesinato; no todos por los mismos cargos, esto es una exposición de conjunto.

El magistrado Baltasar Garzón se tomó la revancha pero no pudo con el capo, su objetivo, la pieza mayor enfilada que escapó airosa y puede que reforzada de la batida. No obstante, ganando adeptos a su discrecional gestión futura, plagada de errores y lapsus en los procedimientos, hizo fortuna el apelativo de *juez estrella* para Garzón. La izquierda, radicalizada o no, dedujo en él a su adalid y a fuerza de propuestas y alabanzas, de recelos y verdaderos controles por el órgano competente, la estrella se apagó, cayó en desgracia y su señoría desvistió la toga por exigencia de la unánime expulsión; eso sí, por una sola causa de las tres en las que estaba imputado, con caída acolchada y no a perpetuidad. Un reparto de gregaria equidad entre absolución y condena, pudiera decirse a tenor de los fallos.

Insiste el de la anterior pregunta: "Vale con lo del juez que ya no es juez por prevaricador, pero ¿Franco ha muerto o no? Estoy en ascuas."

El juez Garzón, expulsado de la carrera y de su despacho en la Audiencia Nacional, había pedido al registro correspondiente el certificado de defunción de Francisco Franco Bahamonde a treinta y seis años de su muerte; casualmente, el periodo de su jefatura.

—Treinta y seis años de mando, y treinta y seis años de duda por conocer si ha muerto o sigue vivo más allá de la memoria de los españoles.

—Despejado el enigma. Españoles, Franco murió el 20 de noviembre de 1975, cual se recuerda.

Un misterio menos en la Historia de España.

# Sin prisa pero sin pausa

En aquella época de tránsito con aires de cambio en el ambiente y manejos y turbulencias en los sótanos, daba la sensación de que todo estaba hecho y todo por hacer; dependiendo del cristal con que se mire o de la altura de la ventana desde la que ver el mundo inmediato y un atisbo de siguiente fase.

Manuel Fraga Iribarne acudía muy temprano a la consulta de su alter ego para decidir el rumbo de la nave en astillero —que bautizaba *mayoría natural*—, de complicada botadura, sospechaba, cuando por fin los ingenieros, los operarios y el personal de marinería y tropa la dispusieran para flotar con alguna garantía de permanencia en las procelosas aguas de la España en remodelación. Desde 1974 tenían que pasar años y sucesos para que la cabina de mando del buque insignia avistara el embarcadero de la madrileña calle Génova, tinglado 13, y recibiera otro nombre que sigue en boga; y el puente de mando ideara la remisión jadeante, quizá convulsa, de los correteos de Jorge Verstrynge, secretario general de Alianza Popular en el apogeo de la formación, aquejado de afecciones totalitarias que dieron con sus huesos y raptos en los cubiles de los adoradores del socialismo real.

Un reajuste en el organigrama y a seguir, que la vida política no da tregua.

Y como nada hay inalcanzable para el alma indómita, don Manuel aceleró gestiones y convenios para alistarse en la competición al palacio de la Moncloa. Desde la Zarzuela no era viento favorable el que le soplaba las velas, lo sabía. Adolfo Suárez era el favorito para moderar el cambio hacia la democracia de partidos y al sevillano Felipe

González —encaramado a la secretaría general de las siglas PSOE— se le encomendaba el aglutinar el heterogéneo voto de izquierda para que al Partido Comunista, con su historial a cuestas y su poderío callejero, le restara adeptos, simpatías, trascendencia y reconocimiento en los sectores de vieja oposición al franquismo con influencia en la masa.

—Hubo actividad subversiva, con apéndice criminal y rúbrica comunista, del PCE dirigido y sustentado por la Unión Soviética y los satélites del *Telón de Acero*, desde el término de la Guerra Civil hasta el año 1952; aunque se prolongara otra década la presencia de elementos del maquis, desorganizados y faltos de apoyo notable en las zonas donde se ocultaban.

—El simbolismo universalista del PC, esa aura romántica difundida por la propaganda del intelectualismo venal, a sueldo y protección del imperio soviético, no se asemejaba en fortaleza electoral a la que contaba en Italia.

Más hubiera querido la nomenclatura comunista en España que acercarse en número de votos y afiliados a los italianos. Al socialismo orientado que surgió del congreso de Suresnes se le allanaba oficialmente el camino a derecha e izquierda —"Venga, vamos. A tomar posiciones estratificadas", para emular, anulando, la infiltración auspiciada por el incombustible Komintern en la maquinaria estatal—, con apeadero en el flamante centro democrático, para que el puño y la rosa aunara residuos y acogiera a moderados de izquierda, socialdemócratas, cristianos portadores de cirios con destinatario en cada extremo e indiferentes con tono cambista; una especie de movimiento asociativo federalizado que se enfrentara sin posibilidad de ganar al movimiento nacional organizado desde las instancias de gobierno: UCD contra PSOE, pugilato con satisfacción garantizada o devolución del importe desembolsado.

El duelo de titanes o pulso entre inercias y tendencias no dejó satisfecho a nadie, pero las apariencias y los discursos menos sinceros loaban lo contrario.

"Nos van a dar", alertaban unos.

"Nos van a posponer", advertían otros.

"Qué va a ser de nosotros", lamentaban con certera intuición los terceros, "nos han esquinado, nos han mermado la afiliación y nos pronostican a diario hacia el fracaso por los canales oficiales."

La sociedad española ya no quería extremismos. ¡Basta de tú o yo! Decían los plumillas y los telegénicos oradores que la sociedad española estaba harta de soportar conflictos latentes. ¡Basta de a ver quién puede más! Tonantes alusiones en demanda de un final consensuado del monopolio político en aras a suscitar el reparto y, por exigencias del guion, el incremento del número de impuestos, la cuantía a pagar por el contribuyente, la obligatoriedad de las exacciones y la cantidad de funcionarios inspeccionando el cumplimiento de la responsabilidad tributaria de los ciudadanos, con la debida discrecionalidad anotada en cuadernos de tapa dura y en los armatostes informáticos que comenzaban a erigirse como el auxiliar perfecto de cualquier actividad humana, excluida la primaria.

Para que hubiera materia abundante que repartir ante tanta boca solicitante, había mucho que recaudar en plazo o por prescripción ejecutiva.

¡Basta de posar para un cuadro de Goya!

Las facas y las miradas a un palmo destellando con brillo homicida, los cuerpos abalanzados en pos del dominio de la escena, eran motivo de repulsa, anunciaban los canales oficiales de comunicación, y, lo que es peor, un obstáculo para el advenimiento de la pregonada fraternidad nacional.

—"¿Nacional?"

—"Lea usted estatal, foral, autonómica, regional, local y aldeana."

—"Yo interpreto en clave nacionalista."

—"Remarque el acento al hablar, no sea que con la fluidez en la exposición se le note que el centralismo le borbotea de nuez a pelvis."

—"Buen consejo. Gracias."

—"Abone la comisión y hasta la próxima."

Rivalizaban los años 1977, 1978 y 1979 en primeras planas; un trienio plagado de acontecimientos a dos luces: la difusa y la publicitada. Cada año y cada comentarista se atribuía el inicio de la democracia en función de los resultados, quizá más sociales, en el ámbito de la calle, que electorales, puesto que la preeminencia gubernamental de la conjunción de centroderecha —en proporción desconocida los ingredientes del cocido *ucediano*— sostenía en equilibrio, precario pero eficiente, la neonata democracia, frágil y torpona, balbuciente y gateando, y sus relucientes papeletas que los votantes introducen en las urnas cuando se les convoca; depósitos a plazo fijo, con interés variable o voluble y cláusula de combinación aleatoria decidida por los electos sin que para el elector figure en contrato alguno el derecho al rescate anticipado si sus entendederas perciben el fraude, la estafa o la manipulación.

"Lo importante es votar", decía una parte de la sociedad.

"Lo importante es conquistar el poder", decían los osados, sinceros aspirantes a la victoria total.

"Lo importante es saber lo que se hace", aconsejaba el sentido común.

"Lo importante es dormir con un ojo abierto para que no nos la den con queso", postulaban los desconfiados aplicando una máxima de prudencia.

"Lo importante es no pasar de la sartén a las brasas", pronunciaban esas voces aplicadas en el asesoramiento sentimental.

"Lo importante es la salud", alguien diría tras romper los décimos de lotería que la paga extra de Navidad había adquirido con la muy modesta esperanza de amortizar la inversión.

Menudeando las arrancadas de caballo con las paradas de burro, eso sí, maquilladas con esmero en los telediarios del ente público RTVE, los partidos políticos gestionaban el inmenso caudal de confianza —flanqueado por las acequias de urgencia discurriendo análogas y en paralelo—, en la trastienda parlamentaria, despachando correos, emisarios y correveidiles interregionales y supranacionales con frenesí salseado.

Propuesta: ¿Hablamos durante la comida?

Cuestión básica: ¿Quién paga?

Contraseña: Una partida presupuestaria.

Resolución unánime: Hace.

Negocio redondo, boyante y permanente para el sector hostelero y afines. Los hoteles, los restaurantes y las cafeterías cobraron un impulso que la expansiva hueste funcionarial —tan ingente como sobrera— ha logrado mantener en alza allá donde se ha enquistado su proceder.

"¿Mucho frío, eh?"

"Ya me ves, café y cigarrillo a la intemperie. Me puede el vicio."

"Mientras tengas con qué pagarlo."

"Rezo para que no falten contribuyentes."

"Y yo para liberar de parásitos el solar patrio, pero voy perdiendo. Que te aproveche el descanso."

"Y tú que lo sufragues."

En las adjudicadas trastiendas —"de la raya para allá, mío", "del círculo para dentro, tuyo", "de techo a suelo, nuestro"— se respiraba el aire del consenso —"vengan pactos"—, una camaradería de sujeción a dos cosas: el continente y el contenido. La Monarquía heredada y la sopa de siglas aceptada.

"Cabemos todos en España."

"¿Incluso los que abominan de España?"

"Esa es una pregunta extemporánea."

"Pues la respuesta que usted da se las trae."

El funcionamiento era, en apariencia, simple: Ahora yo, luego yo sigo *sine die* y después entras tú con moderación, rostro afable, manos tendidas a diestra y siniestra y una declaración que tranquilice a los poderes fácticos.

"¿Los poderes fácticos de tu bando o los del mío?"

Vaya con el dilema.

"¿No los hay conjuntos?"

"Si no los hay sin duda los habrá."

A grandes males, grandes remedios. Un brindis por el acuerdo multicolor y que hable el pueblo.

Las urnas deciden en 1977 y 1979 dar cabida a muchas opciones con sus correspondientes alistados; pero los elegidos para sentar cuerpo y trayectoria en los escaños de las Cortes y los ayuntamientos son una minoría de los optantes. *Numerus clausus*. La limitación deja lamiéndose las heridas a ilustres nombres de antaño y a supuestas joyas de las canteras políticas de los contendientes.

"A ver si a la próxima hay más suerte."

"No sé yo, que el que da primero da dos veces y ya con las posaderas encajadas y alardeando del rótulo de posesión ni la feria de Abril los remueve.

"Hay que pedir elecciones anticipadas."

"Y una huelga general."

"E inmunidad parlamentaria."

Hay que pedir, que por pedir no quede, el que no pida se queda ayuno de dádivas o prebendas; corría la voz orgiástica de la demanda. Una nebulosa de pedigüeños zumbadores orlaba las dependencias oficiales, las antecámaras del poder cedente, los pasadizos con vigilancia parpadeante, el puente aéreo, las ágoras y los foros de diversa índole e influencia; los cesionarios tendían la mano para recibir, las dos manos en cuenco, los bolsillos ensanchados, las carteras dilatadas, los sobres de tamaño descomunal con los respectivos membretes de la identidad diferenciadora: los hechos diferenciales. Los muy remarcados, muy espoleados, afanosamente acuñados hechos diferenciales

"¿En España qué se habla?"

"Lo que a cada hijo de vecino le sale de la garganta."

Los siete padres de la Constitución, pináculo carnal de la vanguardista arquitectura del importado truco o trato, del privativo hacer o deshacer, del simbólico reforzar o demoler, del emblemático consenso, pugnaron por arrimar el ascua a su sardina sin excederse al arrimar el hombro para el sostenimiento de la piel de toro ni de las orgullosas siluetas andamiadas de la efigie de Osborne.

"Demasiada España eclipsa las realidades plurinacionales entroncadas en el vetusto recipiente."

"¿Eclipse por interposición de conflictos, de añagazas, de intereses recreados o por falta de recursos energéticos?"

El insondable universo de la peripecia humana.

"Nucleares no, gracias."

"O sea, que seguimos consumiendo y pagando la energía nuclear de las centrales de Francia, el país fronterizo por antonomasia y peaje aleatorio para la salida internacional por carretera de nuestra producción agrícola y otras que tercien interceptar los irritantes vecinos. Y nosotros, avezados ecologistas de danza giróvaga, nos protegemos del peligro nuclear metidos bajo las faldas de la cordillera pirenaica, tan ufanos."

"Tan progresistas."

"Tan dependientes."

Aire acondicionado durante la época de estío; calefacción al entrometerse noviembre en el calendario. ¿Para cuándo el parto? Tenía que ser pronto; lo que era posible acordar ya estaba escrito y lo que no había manera de encajar sin provocar sonrojo, protesta o confusión —depende de cada persona afectada por los rumores y las noticias filtradas—, se decidía por la fórmula: *Así queda y punto*.

El 6 de diciembre de 1978 parió el consenso un marco de convivencia, modélico en opinión generalizada e interesada. Nacida en el signo zodiacal de Sagitario —el que corresponde a España—, la Constitución de 1978 rivaliza con la tradicional festividad de la Inmaculada Concepción, el día 8 de diciembre, patrona de España, de su Infantería y dogma de fe equivalente al contenido de la Carta Magna.

—Quizá por eso emplazaron las fechas en la misma semana, pensando en el sector turístico al inicio de la temporada invernal.

—O por una afinación ecléctica, de esas que no son del todo ni dejan del todo ser.

Como fuere, la Constitución de 1978 patentó los distingos. En España cohabitaría la Nación con las nacionalidades y las regiones; o lo que es lo mismo, convivirían procurando disipar ancestrales recelos, los nacionales con los nacionalistas, con los separatistas, con los federalistas, con los cantonalistas, con los regionalistas, con los globalizadores, con los gurús del nuevo orden mundial diseminados en tribunas y librerías, y con los intermediarios del comercio justo aupados a la dirección de la fuerza productiva del Tercer Mundo. Que llevado a la práctica desde la historia cercana significaba que nadie se sentía ni plenamente integrado en España ni plenamente identificado con España. Suma y sigue.

"No hay nada nuevo bajo el Sol."

"Ni siquiera las quemaduras, el envejecimiento prematuro de la piel, las arrugas inducidas por la exposición reiterada, el cáncer de piel o las alergias."

La cirugía plástica comenzaba a surtir efecto en las caras y en las actitudes. Los Pactos de la Moncloa resonaban en los oídos ciudadanos. Eran un símil de panacea de uso tópico, de adquisición restringida no obstante, cuya sola mención alumbraba esperanzas y posibilidades. "Yo también prefiero el pacto. Yo soy hombre de consenso." O bien, "yo sigo la corriente, aquí me las traigan todas." El maquillaje cautivaba ensalzado por la influencia mediática. "Si lo dice la progresía yo me adhiero." Por fin los españoles centralizados y periféricos nos aveníamos a la convivencia aceptando o acatando los símbolos patrios como únicos y propios.

"¡Viva España!"

"Modere sus efusiones que esto sólo está hilvanado."

"Tranquilidad, damas y caballeros; todavía el guion no está escrito."

"Yo creo que escrito sí está; más bien es que no está sellado y rubricado."

"Valga la transaccional."

Los peninsulares y los isleños acordaban ser lo que eran pero como si no lo hubieran sido hasta la fecha. El encaje de unas pretensiones con otras tenía miga y por cualquier tachuela, que las hubo en abundancia, el proceso consensual sufría demora y crítica acerba.

"Que ni con cola."

"Que con buena voluntad sí se puede."

A todo eso España seguía su marcha histórica al margen de los tripulantes. Los augures del naufragio, siempre tan prestos a confirmar la noticia, guardaban una impaciente espera. Las deliberaciones del Consejo de Ministros... No, no... Carta de ajuste... Excusas... Mil perdones... Ya, ya... Las deliberaciones de los sesudos prohombres constitucionales surcaban el túnel del tiempo, páramo brumoso donde los haya, configurando un mapa de concordia a partir de piezas sueltas, mejor dicho soltadas, que hubiera entusiasmado a un amante de los rompecabezas.

"¡Qué invención la de las autonomías!"

"Un portento; sí, señor."

El cariz escéptico se hizo notar.

"Yo lo veo artificioso, descabalado."

"Innecesario, superfluo."

Colorista el nuevo mapa de España. "¿Nuevo?" No era como aquellos desplegados en las pizarras de las escuelas o colgados para revisión inmediata de una de sus paredes, con las regiones definidas, los cursos de agua, los mares, los sistemas montañosos, los cabos y los golfos; los embalses, las lagunas y los picos; los monumentos, las ciudades, pueblos y lugares, las carreteras, puertos, aeropuertos y red ferroviaria de vía ancha y de vía estrecha. "España física y España política."

"¡Viva España!"

"Qué insistente es usted. Ahora corren aires de cambio, de modernidad sugerente, y lo que usted grita suena a rancio, a cuartelero toque de diana, a NO-DO, a Gibraltar español, a Operación Plus Ultra, a Coros y Danzas de la Sección Femenina, a inconsútil por la Gracia de Dios, a historias de la radio y a premios a la natalidad. Sacúdase el tipismo y abandone el pasodoble."

"Pues si llego a gritar ¡Arriba España! me expulsa del partido."

"Sin dudarlo un ápice. Este partido es una fusión que olvida sus orígenes, recuérdelo si quiere ascender en el escalafón y que sus hijos saboreen la ambrosía político-sindical. Este partido apuesta por el futuro; ninguna amarra nos sujeta al pasado; tampoco la de los apellidos, tampoco la de los cargos, tampoco la de las concesiones por servicios al Régimen. Entérate de una vez y tuteémonos."

"Lo de mis hijos me ha impresionado. O sea, ¿que ellos subirán peldaños y ocuparán despachos aunque sean lerdos, unos zotes, el paradigma de la tontura, cosa que puede ocurrir a resultas de los antecedentes familiares?"

"Minucias, aspectos irrelevantes si son inscritos en el censo del partido y a su disposición se ponen al concluir el destete."

El prodigio democrático iluminaba el escenario. Se respiraba en el ambiente, se presentía en los fondillos, casi se tocaba con las extremidades. Llegaba el gran día y su anuncio a nadie pilló desprevenido; quizá despistados sí hubo, pero eso sucede en todas partes y épocas.

La Constitución ya estaba elaborada; una Carta Magna de consenso; un marco legal regulador apto para todos los públicos; la gran obra de la conciliación.

"El valle de los Caídos es un monumento a la reconciliación, ¿verdad?"

"A qué viene eso. Cierre la boca y esté por lo que estamos el resto. Mira que salir por peteneras en momento tan singular."

"Es que no acierto con la palabra. Será porque al ver la portada... "

Solemne, carismática, intemporal, reivindicada por la historia, el águila de san Juan presidía la Constitución de 1978. Escudo llamativo, nacional e histórico en todos sus detalles, el de la Constitución de 1978. Un escudo inserto en la bandera roja y gualda que, a las pruebas nos remitimos, nunca fue preconstitucional ni, en el colmo de la estulticia fanática subvencionada, inconstitucional. A diferencia del escudo mural (sin águila ni corona ni flores de lis) inserto en la bandera tricolor de la II República (de colores rojo, amarillo y morado las bandas horizontales), que es preconstitucional, inconstitucional y de mal agüero.

"Al ver la portada..."

"Es como... un milagro."

El renacer del Ave Fénix o la versión orgánica de las caras de Bélmez.

"¿Se acuerda usted de las famosas caras?"

"Y del alcalde. Pues anda que no dieron juego las imágenes y los comentarios."

En algún corrillo improvisado entre el Salón de los Pasos Perdidos y las dependencias conciliares de la Mesa del Congreso, a espalda de los reporteros gráficos, se escuchaba el borboteo irónico de la jocunda venganza —el fantasma del Régimen espeja su rostro en el pasmado del mundo circundante— confluyendo en los de la duda, el mosqueo y el arraigado temor al "ya te daré yo a ti", y su plural "ya os daré yo a vosotros".

La imagen del águila de san Juan, en su diseño franquista, apareció urbi et orbi televisada e impresa en los rotativos.

"Preconstitucional el escudo, dicen esos. Tiene guasa."

"Inconstitucional el escudo, dicen aquellos. Tiene bemoles el asunto."

Es que lo de negar la evidencia es difícil hasta para los taumaturgos; cuánto más para los aprendices de brujo y demás especies asociadas a los grimorios de estar por casa.

"Entiendan ustedes que el significado de tal postura ridícula, a todas luces insostenible, es el de rehacer la historia mediante supresiones, borrados, omisiones o anulaciones por orden de la superioridad progresista."

Primero se suelta la patraña o se elimina el episodio, después se acondiciona el terreno para acoger al nuevo inquilino del espacio despejado, luego se legisla el adoctrinamiento y por último se aplica por el Ministerio de Educación y sus correas transmisoras en el panorama escolar.

Si hay continuidad el resultado es óptimo, notoria la repercusión en la sociedad penetrada y la ganancia en votos sustancial.

"Nadie da una puntada sin hilo, ¿verdad?"

"Respóndase usted mismo."

"Ya quisiera yo, pero no sé si mi lengua es idioma o dialecto; y eso me causa una desazón urticante."

Protestaba vehemente Camilo José Cela cuando en las sesiones preparatorias de la Carta Magna el preámbulo, los títulos, artículos, apartados, párrafos y disposiciones adolecían de pésima redacción, fiados a unas expresiones rayanas en lo coloquial, ilegibles para el intelecto sensato. Muchas veces levantó la mano el académico escritor y senador por designación real, para que se le prestara oído en sus avisos y recomendaciones al respecto de lo que había de leerse al concluir el trabajo.

Desde el principio la controversia sentó plaza en los ponentes constitucionales y adláteres.

"Que si en español."

"Que si en castellano."

"Que si con traducción simultánea."

"¿Pictograma, jeroglífico, glifos, runas, caracteres? Lo más sencillo para interpretar."

Una ley que se interpreta es un patio de monipodio. Empezamos mal.

"No nos desviemos del tema."

"Disculpe la breve digresión."

"Al grano: ¿español o castellano?"

Decimos lo que escribió Ramón de Mesonero Romanos al respecto, que Cela reprodujo y amplió en un artículo de los suyos publicado en el periódico *ABC*. En síntesis, Mesonero Romanos distinguió en su libro *Mis ratos perdidos o ligero bosquejo de Madrid en 1820 y 1821*, el idioma español del dialecto castellano; en la portada y debajo del título se lee: *Obra escrita en español y traducida al castellano por su autor*. A la sazón, explica Camilo José Cela que es erróneo confundir el sustantivo con el adjetivo. Dice: *El mal se originó en el artículo de la Constitución en que la huera componenda ensayó a suplir al sentido común, y ahora estamos pagando las consecuencias. En el universo mundo hay veinte Estados soberanos que hablan en español y el único que en su carta magna no llama español a su lengua oficial es España. Si esto no es un despropósito, que venga Dios y lo diga.*

—Es un despropósito con mayúsculas. Una aberración.

—Un botón de muestra de la desnaturalización causada por una patología endógena.

La Constitución de 1978 fue ampliamente refrendada, y con ella la organizada interpretación del marco legal y sus innegables consecuencias.

# II Compromiso

## La proyección del argumento privado

A solas y en silencio reflexivo, el pensamiento habla con tono de sugerencia. La suya es una voz que inspira confianza, personal, serena, autorizada, que expone los asuntos de mayor interés y de obvia trascendencia sin reparar en gastos a la par que, predicando desde la confluencia del instinto y el negocio, delimita las necesidades originales de los deseos adquiridos.

"¿Sabe alguien cuándo acabará la Transición?"

"No podría decirle. ¿Le urge tal conocimiento?"

"Tanto como eso, pues no. Me mueve la curiosidad."

"Yo creo que estamos en el comienzo de una nueva era."

Sonaba pomposo, aunque también apasionante. Las consecuencias de un periodo que busca definición y aposento se dejaban sentir de una manera comedida en la epidermis y lo contrario, sin exceso que activase las viejas alarmas, en la dermis.

"El comienzo de una etapa de cambios."

"¿Ha dicho alteraciones?"

Cada uno escucha lo que quiere en el galope bullicioso de la Transición hacia un lugar anunciado donde cabe todo el mundo y todas las opiniones tienen libertad de expresión.

"¿Todas, lo que se dice todas?"

"Discierna usted entre la teoría y la práctica."

"O sea, que las restricciones no son cosa que ataña al pasado y ahí se queda."

"Disculpen mi atrevimiento por intervenir en la conversación. Sólo es una pregunta: hablan de racionamiento instaurado en cartilla o de restricciones prescritas en una hoja de campaña."

Era un periodo de confusión semántica y traspiés ideológicos. Los ochenta se presentaban muy nuevos dentro de lo muy antiguo y arraigado en el sentir español.

—Había que oír el batiburrillo de neologismos y acepciones para el acople en la comunicación oficial y oficiosa.

—Sí, un guirigay en el ágora, en los medios de difusión, las tertulias de toda índole y no pocas discusiones familiares con un renacido fervor por la diferencia.

Vientos de proclama destinados a un pueblo a la intemperie.

—Por la ruptura.

—Por una libertad artificiosa.

Vendavales contradictorios difundiendo un encono imposible de sustanciar en un acto de conciliación retransmitido.

—Sin ira pero con cabreo incorporado.

—Una libertad de manual frentepopulista.

Huracanes de tendencia antigua en fusión nada culinaria —por mucho que a los manejos políticos se les denomine 'cocina'— con una modernidad nacida tarde o inexistente para la racionalidad de un estudio comparativo realizado por personas independientes de idearios o mecenazgo.

—Cuán difícil imaginarlo.

—Hasta la imaginación abomina de los excesos, si es una imaginación sana.

Una sana envidia izaba a España a la cima del ejemplo, contaban a diestro y siniestro con legítimo orgullo las portavocías de la floreciente democracia, el consenso y el autonomismo.

"Somos el paradigma del compromiso cívico."

"¡Bravo!"

"Somos el espejo en el que se miran nuestros vecinos y aliados, y se mirarán las nacientes democracias."

"¡Viva el espíritu de convivencia!"

"Somos unos fenómenos."

"Es como un milagro, con perdón. Después de años, qué digo años, décadas, aún más, siglos de tomas y dacas, en las postrimerías del siglo XX logramos la paz definitiva y la concordia fraternal."

"¡Viva el dulce espíritu de la nueva vida!"

Vale. Pero, ¿qué hay de España, de la nación española?

Un polvillo grisáceo, aunque según incidiera la luz su color era parduzco, descendía sobre las cabezas españolas. Lluvia fina progresando en el ambiente, apenas distinguida en el cielo encapotado, semblantes contritos, cariacontecidas expresiones, desespero. Gritos de dolor múltiple, juramentos de voz rasgada que el látigo de la onda expansiva zarandea como a los guiñapos; gemidos de voz cortada, pulso acelerado, corazón batiente, sangre y llanto. Pasmo. Las caras reflejan el miedo del cuerpo y del alma; las caras escriben en el vacilante idioma de la confusión, a la espera de una marcha atrás en el tiempo —cosa imposible— que devuelva de la muerte traumática a los que unos segundos antes —quién lo imaginaba ese día, a esa hora, en ese lugar de España— cumplían con deberes o, simplemente, sin ser unos más que los otros, vivían al compás de la inercia cotidiana.

Humo oscuro, olor acre. Asfixia. ¿Dónde está el aire? ¿Y los pulmones? Alrededor, esparcidos los restos que fueron cuerpo de alguien o cuerpos de algunos; hermandad en la tragedia. "¡Dios mío!... Por qué..." Urgencias. Estrépito de sirenas: ambulancias, vehículos de la Policía, bomberos; posterior al estrépito mortal repudiado entre las gentes dignas como una forma de comunicación humana. "Papá... Mamá... Hijo... Hija..." Maridos, esposas, hermanos, amigos, personas. "¿Qué sentido tiene esto?", es una pregunta que cruza una atmósfera enrarecida; es un estertor social en la parte buena de la sociedad.

El terror tiene sentido, por supuesto; y es un método eficaz para la consecución de objetivos políticos.

"¿Lo dice en serio?"

"Sí."

"¿No le cabe duda? ¿No le concede un resquicio de verosimilitud a la declaración de la autoridad competente?"

"No. Tiempo al tiempo. Es el mejor notario."

La contundencia en la afirmación y en la negación, cuando llegaba a producirse gracias a unos micrófonos y unas cámaras dispuestas para testificar las reacciones naturales de los afectados, desencadenaba el mecanismo de contraprogramación elaborado con anterioridad a la Carta Magna.

Corramos un tupido velo, era la consigna acordada por el entramado político. Y de inmediato actuaban los agentes custodios del plácido sueño ciudadano.

"Sus palabras son producto del momento, nos hacemos cargo y las disculpamos; los hombres padecemos esas debilidades que nos hacen frágiles en el estadio anterior al deseo de venganza. Comprendemos y aceptamos sus sentimientos ahora, tan reciente lo sucedido. Desahóguese pero con mesura, sólo un rato y cuanto menos público mejor para el conjunto. Su rabia, aun siendo legítima, no se lo vamos a negar, es una demanda ansiosa de justicia egoísta, errónea, precivilizada, inconveniente para rehacer la vida de los que han superado la prueba y perjudicial para acabar con el terrorismo."

Cuántos asesinados por el terrorismo campante recibieron el adiós *corpore insepulto* en una oficializada clandestinidad. Por la puerta de atrás desfilaba la víctima y el cortejo fúnebre, con un ataúd a cuestas o un coche que buscaba la salida de la tierra de nadie en un sigiloso circular hacia la memoria privada en sentido estricto.

"Que sea esta la última sangre derramada, *requiescat in pace*."

Se oía a veces, a pesar del aislamiento, una protesta firme, nacida de las entrañas: "El muerto ha sido de nuevo asesinado."

Una protesta que denuncia esa cobarde liturgia.

Luego amanecía. Y hasta que llegaba el anochecer, con el juego de sombras sustituyendo a la mortaja, las primeras condolencias y la unidad retratada conservaban su vigencia. Atrás la jornada negra, otro episodio para olvidar pero enmarcado en el anecdotario, la componenda volvía a imperar doquiera se lanzase una ojeada valiente.

La sociedad civil, excluidos de tal demarcación los elementos que manejan los hilos del poder supremo, el que quita y pone a conveniencia, escuchó el pistoletazo de salida aunque con algo de retraso. Puede que ciertos temores bien fundados hicieran de la prudencia virtud en el común de los españoles y, por si acaso, aun a riesgo de perder convocatorias y llegar a la meta tarde para la adjudicación de los puestos más golosos, a Franco se le ocurría levantar la cabeza y echar un pie delante del otro. Calma, que habrá para todos.

"¿También para mí?"

"Depende de los méritos contraídos."

"¿Cuándo?"

El cuándo era lo de menos, porque a pocos interesaba que su periplo de compromiso democrático sufriera una revisión exhaustiva. Curiosamente, eran los militantes comunistas los primeros en solicitar el examen de capacitación para obtener el título de insignes demócratas y, de paso, reivindicarse como los únicos defensores de la libertad durante el Régimen.

"Yo he portado siempre la bandera roja."

"Yo he luchado siempre por la causa socialista."

"Yo me he mantenido fiel a la lucha de clases, camarada."

"Yo a la liquidación efectiva de nuestros enemigos, como pedía el camarada Lenin."

"Y otros camaradas desde la añeja clandestinidad. ¡Qué tiempos aquellos! ¿Me pongo a recordar y..."

"¡Chitón!"

"Pero..."

"¡Calla!"

"Pero..."

(En un susurro y en penumbra) "A muchos camaradas molesta las referencias al pasado. Les entra descomposición y para disimular sacan de paseo su mala leche con gotas de panfleto asambleísta. Insoportables."

"No me extraña. ¿Son los que ahora están en primera fila?"

"En primera fila, con el vestido planchado, la peluca en la basura y ya aposentados."

"Qué prisa se han dado. La verdad es que les iba lo de correr y jugar al escondite."

"Cierra la boca que con tanto largar verdades como puños no nos coloca ni el padrecito Stalin redivivo."

"Oído, camarada, lo tendré en cuenta."

"Mejor te irá. Aquí los certificados de buena conducta también los expiden ellos."

(Aparece un gerifalte con la fiera expresión tomada de un retrato de Leonidas Breznev.) "¡Salud!"

"Buen provecho."

Costaba apartar los hábitos para ceñirse a la moda. Fueron precisas toneladas de propaganda y un consentimiento mayoritario de la nueva-vieja clase política para seccionar capítulos voluminosos a la historia universal.

El predominio comunista en el hemisferio izquierdo inquietaba a los poderes fácticos casi tanto como a la ciudadanía. De ahí que las cabezas rectoras de la democracia española, todavía en periodo de mudanzas y estilismos, hubiesen de confeccionar en la Transición un plan de rescate socialista —de las siglas PSOE en concreto—, también denominado plan de desarrollo para dotar a la izquierda de una representación tolerable, moderna y de corte socialdemócrata, para afrontar la contingencia. El impulsado trasvase de cargos y votos tuvo éxito en cuanto los dirigentes socialistas relegaron el puño en alto por la mano abierta en sus apariciones públicas, con excepciones pintorescas en los días de culto y añadido de vestuario ad hoc.

"Hemos salvado una pelota de partido."

"Yo no diría tanto, pero es verdad que el asunto tenía su intríngulis."

"El tren ya marcha por la vía."

Mientras, los pasajeros aguardaban pacientes o nerviosos turno de incorporación en las postas habilitadas al efecto.

"¿Seremos funcionarios con todas las de la ley? ¿Cobraremos del Estado de por vida? ¿Libraremos las tardes y los fines de semana? ¿Tomaremos el aperitivo en las terrazas de la Plaza Mayor y aledaños?"

"¡Qué gran invento el de las autonomías!"

"Está claro que la democracia crea empleos."

Funcionarios a la carrera de las diversas administraciones acuñadas por el espíritu de la descentralización.

"Saben ustedes quién a pagar este dispendio?"

Eso era *peccata minuta* entonces. A la providencia se le reservaba espacio y rezo para que proveyera según la tradición católica, arraigada en España e invocada en los momentos de perentoria necesidad.

"No vamos a detenernos por naderías."

"¿A qué hora sirven el café?"

"No vamos a detenernos por un café frío."

"¿Hay café para todos?"

La pregunta que muchos españoles se formularon en la trapisonda descentralizadora administrativo-política es si habría España para todos.

—Yo dije que no.

—Lo mismo dije yo.

Dicho y hecho. Una vez solucionado el tema del electorado de la izquierda —a sumar votos el PSOE—, los artífices de la Transición idearon el espectro sociológico de la derecha; algo más complejo y mucho más deslavazado pese a las apariencias. Si bien la sopa de siglas a la izquierda del andamio centrista (UCD) resultaba espesa, el polo de atracción o planeta madre era uno, y sólo uno, con el satélite comunista (PCE) captando nostálgicos irreductibles de la ortodoxia marxista pero sin posibilidad de triunfo ejecutivo, un equipo compacto con extremos definidos de puertas abiertas, maridaje semántico y alianza postelectoral al canto, el consomé de siglas a la derecha de la compostura centrista especulaba a la greña. Demasiados gallos en un corral; nadie quería ceder el paso y por mucho que se blandiera el sentimiento patriótico por parte de unos y otros, del centroderecha a la extrema derecha (de liberales a antiliberales) saltaban chispas y cruzaban sapos y culebras. Un guirigay de mal tono y peor solución por imposibilidad de acuerdo.

"Es que eso de juntar churras con merinas es tanto como pretender que suene la flauta cada dos por tres."

"Utópico."

Luego, si dos es compañía y tres multitud, el ejemplo de la izquierda podía aplicarse a la derecha aunque fuera con calzador y por mantener las formas para consumo de los electores.

"Restando más que sumando."

"Se veía venir."

En resumen: el centro de los centros, la Unión del Centro Democrático, con el ex Secretario General del Movimiento Adolfo Suárez como imagen de cártel y factótum de la nueva España bendecida por el árbitro Juan Carlos I, tiraba de la derecha liberal y los democratacristianos, aglutinando un voto de calidad cuya exigencia estaba minorada por las circunstancias de adaptación; la derecha clásica, la estipulada en torno al conservadurismo de Dios, Patria y familia (más los fueros para los tradicionalistas), la Alianza Popular de Manuel Fraga, era encomendada a concertar pactos de firmeza y pactos de cesión en la calle y los despachos; el resto de adscripciones ideológicas de derecha quedaban al margen de este compromiso bipartidista.

—Un bipartidismo a cuatro con partidos nacionalistas-separatistas al acecho de la debilidad y la contraprestación con desequilibrio en la balanza.

—Un bipartidismo que disponía de varias opciones para mantener un poder nominal y alternante a semejanza de aquel "turnismo" entre Antonio Cánovas del Castillo y Práxedes Mateo Sagasta, con supervisión regia, cuyo fin lo escribió una pistola anarquista.

Los dirigentes y los medios de la derecha política porfiaban largando trapo para confirmarse centristas, seguros de recibir un cheque en blanco —es decir, la anuencia tácita— de sus votantes; por su parte, y como de costumbre, pues en eso es previsible, los dirigentes del partido socialista recalaban con todo el arsenal persuasivo en los caladeros de la izquierda, de Norte a Sur y de Este a Oeste, absorbiendo energías y voluntades que lograron reeditar con precaución y estudiadas modificaciones la estructura del Frente Popular. Era más fácil disponer el pacto de 1936 que el de San Sebastián en 1930, pues éste también incluía fuerzas de la derecha y personajes de obediencia católica que a finales de los años setenta y principios de los ochenta del siglo XX no apetecían de movimientos arriesgados como pudiera ser el derrocamiento de la monarquía.

"Al rey lo ha puesto Franco."

"Franco lo nombró sucesor a título póstumo."

Francisco Franco dejó claro al príncipe Juan Carlos que cuando le llegara el momento de heredar la jefatura del Estado no iba a gobernar sino reinar, y que no escribiría en las páginas de la historia de España lo que él durante casi cuatro décadas.

"Es que estos son otros tiempos."

"Un relevo generacional desde terreno abonado."

La clase media tenía la palabra y ganas de hablar; otra cosa es que le dejaran expresarse con libertad y amplitud horaria sus neonatos y coloristas representantes políticos.

"Qué habilidad a la hora de no tropezar los unos y los otros con los colores en la cartelería."

"Requiere de una coordinación sin precedentes."

Cada español era dueño de su destino —el que traza una línea recta desde la modestia de cuna a la opulencia de la honrada iniciativa— y de su patrimonio —fruto del esfuerzo laboral como emprendedor o asalariado—; eso debía ser indiscutible para cualquier pretensión ideológica. Lo alcanzado hasta la fecha era el punto de partida no la meta a partir de la cual se creaba un nuevo orden de consecuencias imprevisibles y oportunidades discrecionales.

"De eso nada."

"A ver si la vamos a liar con los cambios."

"No me fío de nadie."

La clase política debía conquistar la confianza de la sociedad española para contar con su apoyo y vaciarle la memoria. Una de las consignas puesta en práctica pero que nunca vio la luz en el sentido literal de la palabra fue esta:

"La historia empieza hoy." Al paso del tiempo y en función de la utilidad partidista, en el siglo XXI la consigna ha adoptado un matiz menos exclusivo pero, aunque parezca mentira, mucho más siniestro con la loa de la II República en su advenimiento y la supresión de cuanto sucedió de bueno entre 1939 y 1982. Según esos doctores de poliédrica jaez a los que se dio tribuna, dinero y pábulo, España lo era a ratos y para dejar de ser una nación.

Hubo un temor generalizado a las ventoleras que arrastran tempestades. La cosa en la calle y en los hogares no estaba como la pintaban los voceros del apocalipsis político. A qué venía tanto resentimiento y tanta condena.

"Hombre, se jugaban mucho en el envite los aspirantes a vivir de la partida presupuestaria asignada a las formaciones políticas."

"Mujer, y si tocaba un cargo o caía un enchufe no te cuento las ventajas."

"Para cantar el alirón."

"Para entonar el himno a la alegría."

La credulidad del pueblo en los augures de la fraternidad democrática y el espejo europeo eran las bazas para cruzar el Rubicón y corear la musicalizada oda de Schiller. Unidos para vencer las reticencias de una sociedad celosa de sus logros y pertenencias, los políticos se fotografiaban en comandita para abrir hueco en la obstinada defensa —propia del carácter hispano— de las personas y los hechos; estrechaban sus manos y regalaban besos y abrazos a las miradas curiosas, a los escépticos, a los críticos y a los indiferentes.

"El futuro llama a tu puerta."

"¿Será un familiar gorrón o un ave de paso renovada cada temporada como la moda?"

Había que descubrirlo con tiento. Primero se entregó el voto a las caras conocidas siguiendo el consejo de la prudencia; poco después, hormigueando el vértigo de la alternancia y para no ser menos que los vecinos y aliados occidentales, los españoles accedieron a un cambio que se suponía ventajoso para tirios y troyanos a la vez.

## Descentralización: cambio y corto

La cuestión de las denominaciones oficiales coleaba de puertas adentro y de puertas afuera. Eso de atribuir título historicista a unos territorios, que eran regiones, en detrimento de otros, que también lo eran en el acervo de los españoles y en los textos educativos, creaba suspicacias y mucho malestar apenas disimulado.

—Aunque con el tiempo y sus aparejadas circunstancias de evolución inercial, olvido de las categorías y puesta a punto, las suspicacias y el malestar se diluyeron en agua de borrajas.

—Dando validez a eso de que a todo se acostumbra uno cuando la dieta es prescrita por el gran sanador, el ojo que todo lo ve y a todos asiste en sus necesidades primarias.

A la pregunta de por qué Cataluña, Galicia, Andalucía o Vascongadas (que eran tres provincias hasta que un día a los hermanos Arana, Luis y Sabino, se les ocurrió nombrarlas como región-país-nación y en un futurible Estado dotado de bandera e himno), eran consideradas nacionalidades históricas y no Castilla o Aragón, Valencia, Baleares, Asturias, León o Murcia; la respuesta, de haberla en círculos reducidos, sonaba a viento en el desierto.

"¿Cómo suena el viento en el desierto?"

"Como un estallido de pólvora sin pólvora o una sinfonía acuática en un pozo seco."

Al parecer, había que dotar con amplios recursos y distintivas concesiones a quienes negaban la identidad nacional de España, o sea, que se oponían a que España fuera una nación porque si España era una nación —que lo era por voluntad de los españoles (unos españoles lerdos, obtusos, vulgares, malcarados y gandules, según dicterio escrito y oral de los nacionalistas)—, las regiones no pasarían de eso y los naturales de cada región, de regionales o regionalistas; vamos, que las peticiones de la clase política autónoma en sus respectivos feudos caerían en saco roto y cientos de miles de suspirados puestos de trabajo ni siquiera hubieran sobrevolado a gran altura las precipitadas pistas de los demandantes.

"Como en la película de Luis García Berlanga *Bienvenido Mr. Marshall*."

"Qué cabeza la mía. ¡Pues no me he confundido con aquella titulada *Los últimos de Filipinas*!"

"Ya te vale."

"¿No le habrá venido a usted a la memoria, de pasada, naturalmente, la película *Sin novedad en el Alcázar*? Lo digo sin malicia."

"¿Lo dice con guasa?"

"Da igual el tono, lo que importa es el hecho."

"Ahí le doy la razón."

"Habéis dejado el búnker para salir a tomar el fresco, ¿verdad?"

"A palabras necias oídos sordos."

La reiteración del concepto provocaba el hastío semántico y la vacuidad en su aplicación cotidiana. La respuesta satisfactoria o, al menos, coherente era un enigma.

—El partido socialista, siglas PSOE, fue coherente con la moción de censura al gobierno de la unión del centro democrático, siglas UCD. Perdió la votación en el Congreso pero ganó espacio y crédito en los medios y en un amplio sector de la opinión pública.

—El gobierno de entonces y la mayoría silente de la población española permitieron que se delineara el camino sin retorno cuyo asfalto sería las diferencias y las exclusiones. El español, vehículo de comunicación propio, nacional y universal, iba a perder vigencia en las nacionalidades y las regiones con lenguas vernáculas, como si por disponer de una gramática, un léxico y un acento, sobraran los comunes y apegados. Y los símbolos nacionales corrieron la misma suerte, relegados en incontestado progreso hasta el ostracismo o la hoguera; una manera paciente y eficaz de ignorar la historia y concebir un futuro por separado.

Ante el presumible rechazo de la sociedad española a que sus políticos concedieran lo inconcebible, el antídoto propuesto era la pedagogía a instancia de parte. Así que cada aspirante a la parcelación con diseño autóctono se esmeró en interpretar su guion para todos los públicos, dispensando sonrisas y retórica párvula los tendentes a la hipocresía, explotando coacciones y amenazas los adictos a la praxis violenta, apareciendo como teloneros bifrontes esos que responden con preguntas o cantares.

Comenzaba la aprobación de estatutos de autonomía hasta sumar diecisiete y dos ciudades autónomas, Ceuta y

Melilla, de cuya españolidad se tomaba buena nota en la metrópoli y en Marruecos.

"A ver, alumnos, ¿quién sabe enumerar nuestras Plazas de Soberanía?... A ver, ¿quién sabe lo que significa Plaza de Soberanía?... ¿Nadie ha tenido un abuelo en las guerras de África?... ¿Ninguno de vuestros padres o hermanos ha hecho el servicio militar en la zona más meridional de España?"

La titularidad nacional de las seis Plazas de Soberanía era incuestionable para la mayoría de los españoles, y un estorbo en forma de tachuela perenne en los planes desmembradores de la minoría influyente que gustaba, y gusta, de alternar con las tiranías resistentes que en el mundo son. El Comendador de los Creyentes marroquí movía los hilos de su tejemaneje compartido con elementos notables de la España en rasgueo para ocupar lo que nunca perteneció a su reino ni credo. Si Ceuta, Melilla, el islote Perejil, las islas Chafarinas (del Congreso, del Rey y de Isabel II), el Peñón de Alhucemas (y los islotes de Mar y de Tierra) y el Peñón de Vélez de la Gomera, pasaban a engrosar los dominios del reino alauí, el siguiente paso podía ser la amputación de las Islas Canarias, la de la isla de Alborán, y a no tardar la secesión de porciones peninsulares con esas ínfulas sobre el papel.

"¿Es que nadie ha oído hablar del desembarco de Alhucemas?"

Qué cosas tienen los antiguos docentes.

"Jubilación, dulce jubilación, libéranos de la carcunda fascista."

"¿Es el estribillo de una canción protesta como las que suenan a diario?"

Pegadizo; sí, señor.

Dimitió Adolfo Suárez, presidente del Gobierno y aparente inventor del centro político.

"Adivina, adivinanza, ¿qué es el viaje al centro?"

"Un desplazamiento colectivo de siluetas hacia un agujero negro muy absorbente."

Es un chiste de la época que ha traspasado el límite temporal y la paciencia de algunos o muchos defraudados con el bandeo oportunista de la derecha política, que emprendió el éxodo centrista —"Somos un partido de centro"— para captar votos de indiferentes y perder votantes que condicionan su fidelidad a la lealtad.

—Un continuo viaje al centro el de AP y el PP, al que otros llegan sin moverse, sin el menor esfuerzo aunque sus apellidos políticos sean obrero y socialista. Qué curioso.

—Dicen que la necesidad hace sabios.

—Y estúpidos la persistente necedad.

Hízose de la necesidad virtud antes que la luz, con lo que en penumbra y tropezando la derecha fluctuaba en sus contradicciones y lo que se dio en llamar complejos para no superar un techo que garantizaba el encumbramiento del socialismo recuperado por la última hornada de políticos franquistas.

"Esos que hicieron un pan como unas tortas."

"Y encima los agraciados les despreciaron, les dieron la espalda y los vapulearon en todos los foros tildándolos de todo menos de generosos y demócratas."

Las filas socialistas albergaban un número elevado de raigambres falangistas —lo que tiene su lógica sociopolítica— cargos relevantes en el Régimen de Franco y ex combatientes por la causa nacional; que es la opuesta a la causa frentepopulista-republicana que acabó con tiros y persecuciones entre los aliados de ocasión ajustando cuentas mientras llegaba la pacificadora jornada del 1 de abril de 1939: La guerra ha terminado. Luego prosiguió el "aquí me impongo yo y los míos" transfronterizo, con la inefable sombra de la Unión Soviética oscureciendo el Sol en media Europa y en un cuarto de mundo.

"¿Ya ha caído el muro?"

"Aún quedan unos años, mantenga la calma y abróchese el cinturón de seguridad."

Suárez despide un mandato convulso, prohijado por la Transición. Puede que a Suárez le traicionara su gente o puede que la gente de Suárez lo fuera por circunstancias, y en público así se mostrara, para defender una idea democrática sin estridencias que el líder y sus ambiciones y las megalomanías a la greña estropearon o deformaron o no supieron concertar con quien debían o, muy probable, reincidiendo en viejos errores, tomaron el rábano por las hojas en vez de al toro por los cuernos. Escriba la historia lo procedente y le asigne el lugar que estime justo, más o menos centrado, remarcados los fallos evitables.

"Una salida trompicada la de Suárez."

"Una entrada accidentada la de Leopoldo Calvo Sotelo."

Cundía el malestar en los estamentos y un temor fundado en el espíritu nacional. La confluencia del hambre con las ganas de comer produjo desenlaces tragicómicos en aquel proyecto urdido para configurar un gobierno de gestión que para armonizar el proceso autonómico —que ya propinaba agudos quebraderos de cabeza a sus promotores y certeras patadas en las zonas sensibles de la corporeidad nacional—, por acuerdo del rey y su casa y el sobrevalorado PSOE de herederos del régimen anterior y emergencias pintorescas, con presidencia acordada para el general Alfonso Armada Comyn, sustituiría al repudiado Adolfo Suárez y su estela de transitoriedad. La plana mayor política, cautiva y desarmada unas horas en el Congreso de los Diputados, reafirmó su unidad para el desarrollo democrático de España con unas fotografías, unos gestos y unas alocuciones que serenaron y confundieron a partes iguales a una población pendiente de los transistores la madrugada del 23 al 24 de febrero de 1981. El Estado Mayor de la Defensa Nacional escuchaba ruido de sables, de orugas de tanque, de costuras vencidas, de micrófonos en confidencia y de guerreras en alzamiento. Al cabo, una mañana fría y soleada de invierno, nadie sabía nada y sólo se barajaban responsabilidades en una dirección.

"A ver, ¿nadie tiene la certeza de que había pasado lo que estaba previsto?"

Una sola dirección fuertemente balizada.

El presidente Calvo Sotelo era un magnífico parlamentario.

"Un señor de la cabeza a los pies."

"Un pelele."

"Un político honesto, con temple, heredero de un patriota."

"Un paño caliente, el firmante del epílogo de una nave a la deriva."

El cuaderno de bitácora registra la fecha de dos cambios: el de gobierno y el del escudo nacional.

El águila de san Juan recibía una carta de despido sin indemnización ni honores de ordenanza. Otras fuentes, también oficiosas, anunciaron que debido a su avanzada edad y muchas horas de vuelo, el símbolo cristiano de los

Reyes Católicos restituido por la España nacional tras su eliminación republicana pasaba a la reserva. Una tercera versión citaba, a vuela pluma, la jubilación del ave imperial; y la cuarta versión que recoge esta crónica menciona incidiendo en las plumas —y en la película *Las cuatro plumas*—, que al águila de san Juan la apartaron de la visión pública porque certificaba la historia de España cuando la pretensión era la contraria. La primera edición de la Carta Magna de 1978 graba en su portada el tradicional escudo nacional.

"¿Conviene recordarlo u olvidarlo?"

"Esto de la conveniencia es materia subjetiva."

"Como la voz de la conciencia."

El conglomerado cívico-político de UCD embarrancó en los traidores bajíos de la bocana del puerto centrista. Las grietas en el casco eran tantas y desavenidas que ninguna cirugía pudo restañar las heridas ni encajar en los lugares originales las piezas engrescadas y a la fuga, si es que hubo verdadera intención. Desde el muelle sonreían los deudos del difunto portando rosas con tallo espinoso recubierto de un crespo pelaje ovino. Cabe referir que los votantes conservadores, democristianos y liberales tuvieron una plataforma desligada del centrismo náufrago en la comunión de siglas AP-PDP-UL, galardonada con el segundo puesto en el podio electoral de 1982.

Los dirigentes socialistas Felipe González y Alfonso Guerra, futuros número uno (o Dios) y dos (con amplio mando arriba y abajo) respectivamente, eran aclamados al asomar medio cuerpo por una ventana en la noche de triunfo; Manuel Fraga se erigía como el líder de una oposición que nada iba a oponer con visos de ser atendido;

Adolfo Suárez pergeñaba su continuidad en la ubre política; Landelino Lavilla estudiaba mantener el pabellón centrista transaccional de cara a los próximos comicios. Mucho barrunto entre alegrías, decepciones y tristezas.

Y ahora qué.

"Con flores a UCD en vísperas de todos los santos."

"La pluma de Gustavo Adolfo Bécquer anticipó el desespero romántico de la fatua compaña."

"El trasiego de las ánimas por gargantas y vaguadas, paisaje ceniciento."

"Novalis... Friedrich... Larra..."

"A propósito, ¿la pluma de Bécquer salió de las alas o la cola del águila de san Juan?"

En octubre de 1982 gana las elecciones generales el PSOE.

—Se dijo que esa fecha marcaba el final de la Transición.

—Se dijo que en esa fecha comenzaba otra transición que difería en forma y fondo a la precedente; una transición inacabada, por cierto.

El pueblo español optó por el eslogan del cambio, tonante él, combustible de masas a la expectativa de ir hacia aquí o hacia allá según la corriente dominante.

"¿Cómo maridará la Corona con un partido republicano que aboga por el federalismo asimétrico y, a ratos, por la separación de algunas ramas del tronco común?"

"¿Por tronco común entendemos el comité federal del partido socialista?"

El negocio estaba servido y borboteando. Socialistas reales y menos reales junto a nacionalistas aún mesurados y separatistas, echaban los ingredientes al guiso que se dio en llamar *Pacto con la Corona*. Consistía el acuerdo en transigir con la institución monárquica como un ente disgregado de la Nación; o sea, que muerto el perro se acabó la rabia, que traducido a la lengua romance que empezaba a sentir con fuerza los aguijonazos de la exclusión significa que finiquitada la Corona no iba a pervivir de España ni la mala memoria. Un pacto no escrito —quizá haya actas de los acuerdos en Suiza o en un paraíso fiscal virgen de control—, por aquello de guardar las apariencias, por aquello de intuir que el fruto no está maduro, por aquello de no alertar a la nómina de incautos cuyo voto era decisivo para llegar al palacio de la Moncloa.

Corría la especie en las calles de que el rey se había hecho republicano y los socialistas monárquicos: Los *monarquicanos*. También se comentaba en las tertulias liberales de la radio y los remozados ateneos y círculos de bellas artes, que al rey le dio por integrarse en la masonería cuando se dejaba la barba.

El rey caía bien. El rey era la garantía de continuidad nacional y el mejor embajador de la marca España. La campechanía del rey era proverbial. La figura del rey concitaba adhesiones de toda índole y de todo signo político.

"Qué verdad es esa. Del rey hablaba maravillas la izquierda."

"Lo que a mí me preocupaba."

"¿Por qué? Si es lo deseable. Si es lo que la gente valoraba más del monarca y su familia."

"Cuando el enemigo te alaba es que le sirves y, por lo tanto, yerras en lo esencial."

"Visto así..."

Desde la barrera se ven muy bien los toros. Desde los graderíos y la televisión se siguió en España el campeonato mundial de fútbol de 1982; inaugurado en Barcelona con la presencia de S. M. el rey Juan Carlos I. El presidente de la Federación Española de Fútbol, Pablo Porta, dirigió sus palabras de saludo y presentación al viejo estilo: "Barceloneses, catalanes y españoles todos..."

"El inicio de los discursos de Franco: "Españoles todos..."

"Un inicio lógico si somos españoles y hablamos y entendemos el mismo idioma."

"Claro, claro."

El liberalismo y el socialismo en ese periodo competían a la baja, insuflados de disimulo, se supone que para evitar la acusación de ser llamados por su nombre y reconocidos por sus actos. Salvo en los momentos claves de la petición de apoyo social y en las circunstancias que por imperativo del libreto uno ha de ser quien es y así mostrarse, las ideologías confluyeron en el mar de la tranquilidad.

—Con el embozo a la altura de la boca, cubriendo las manos y las piernas, y la vista en los confines de la clase media.

—Sabia actitud asesorada por la hipocresía.

La diplomacia jugaba sus cartas en los diferentes teatros donde las partidas apostaban fuerte, aunque no el resto y a salvo el arsenal de municionamiento, al compás marcado por las cancillerías de las superpotencias y las cuarteadas valijas de la representación  folclórica o contratada lejos, en el mercado exterior, de los menudos Estados que en esas partidas solían participar como peones de brega o camareros. Las tendencias antiguas y modernas vestían de gala en los salones y comedores, y provistos del mono de faena manchado con sustancias indelebles en los lugares anejos a las reuniones de máximo nivel.

"Donde se decide, por ejemplo, si la expropiación se lleva a cabo este mes o el que viene."

"Y el reparto de los bienes con independencia de la duración del litigio para averiguar si lo decretado por el gobierno podía o no hacerse."

"Un duelo con tintes de dramaturgia andaluza protagonizado por el lugarteniente socialista Miguel Boyer, comisionado por el tándem González-Guerra, y el peculiar empresario José María Ruiz-Mateos, plenipotenciario de su extensa familia."

Un pulso desigual ya puesto en marcha el dispositivo fiscalizador del aparato del Estado, los tentáculos mediáticos y las vanidades frívolas de los elegidos adquirientes del complejo financiero, industrial y comercial de la abeja *Rumasa*. La justicia fue dando razón a las reclamaciones de demandante y demandado, que es tanto como no decir nada, pero no sabemos si el tiempo, como advierte el dicho, ha puesto a cada uno en su sitio o se ha limitado a contemporizar al vaivén de la batuta que dirige los movimientos de la orquesta.

Por aquel entonces, el magnate jerezano, cuya voz sería una mina para los imitadores, mordió el polvo de la derrota; Juan Pablo II, en su primer viaje a la católica, apostólica y romana España, besaba el suelo que le acogía con enorme expectación, alborozo y cariño; y la verja de Gibraltar chirriaba con una apertura nada solemne, no obstante celebrada, que iba a poner fin a un largo castigo con poco efecto pero bastante respaldo patrio.

"Mira, yo digo que Gibraltar es de quien es por estar donde está."

"Oye, que la frasecita se las trae."

"Menos de lo que trae y lleva el tráfico por la verja abierta."

"Muy agudo. A buen entendedor con una frase basta."

La excusa política para reabrir la verja y, por ende, la circulación de personas y mercancías entre España y el apéndice colonial británico, difundida con intermitencias y reservas por los órganos de comunicación pertinentes, era que había que congraciarse con nuestros aliados naturales: las potencias de Occidente. Rumores y maledicencias pugnaban por establecer una opinión en los ciudadanos electores.

La polémica emergió a gritos y pancartas.

"¡Nucleares no, gracias!"

"De nada. Pero la negación o la afirmación que se ventila ahora va por el derrotero de entrar o no en la OTAN."

"Hay que salir de la OTAN."

"Antes habrá que entrar, me parece a mí."

En los vagones del metro un rótulo indicaba a los pasajeros que antes de entrar había que dejar salir.

"Y pagar el billete."

"Eso se da por sobreentendido."

El referéndum para la incorporación al tratado del Atlántico Norte suscitó agrios debates en la izquierda, trastorno acomplejado en la derecha política y recriminaciones subidas de tono en las filas laxas del socialismo. Los portavoces del PSOE cuando eran oposición negaban la entrada en la OTAN; esos mismos portavoces, manejados por la voz cantante del número uno (o Dios hecho hombre) y el capote del número dos, abogaban por la rectificación en aras a la modernidad y el espíritu solidario que debe impregnar una acción de gobierno responsable y fructífera.

Ganó el sí a la incorporación de España en la organización atlántica y occidental de estrategia y defensa —ratificada más adelante esta misma década por otro referéndum—, a la par que las altas instancias del Estado ratificaban la energía nuclear como una fuente de abastecimiento para el consumo de ricos y pobres. Las clases baja y media tenían derecho al aire acondicionado y la calefacción en sus hogares y en los establecimientos públicos a los que acudieran para realizar gestiones o entretenerse en los paréntesis de ocio, cada vez mayores y mejor dotados; el pago aplazado con créditos de poca o mediana cuantía, en una demostración práctica y universal del capitalismo ambicionado por los españoles, proporcionaba los aparatos que satisfacían un capricho que derivó a no mucho pasar en necesidad y solicitud machacona. El pago de la ineludible factura de la luz o el gas, el teléfono y los electrodomésticos, la vivienda, algunos acontecimientos de adscripción costumbrista y sentimental, las vacaciones extraordinarias y los extraordinarios que al cuerpo congratulan porque sólo se vive una vez, dependía de los ahorros y los ingresos de la unidad familiar. Todavía ninguna debacle económica, social, política, inmobiliaria, nuclear, cívico-militar, revolucionaria, imperialista, tiránica o financiera, arremetía contra las debilitadas defensas del pueblo español, pese a nuestra injerencia europea y pese a las injerencias ultramarinas a Levante y Poniente.

"¿Es una mención sarcástica a los felices veinte?"

"De mi ánimo ha huido el sarcasmo como alma que lleva el diablo."

"¿Qué viento le mueve, si le apetece contarlo a mi jubilación anticipada?"

"El que ventila a los escépticos durante la trashumancia."

La alegría iba por barrios, aunque de tanto en tanto para el espíritu nacional y su atávica manifestación sonaba el clarín y una ovación cerrada, con los espectadores puestos en pie, al dar la vuelta al ruedo. La selección española de fútbol goleó a Malta en una noche memorable; hacía falta un marcador inusual, once a cero a favor de los locales, para que los españoles jugaran la fase final de la Eurocopa de Francia, y se consiguió. "Y más goles, de ser preciso", comentaba a los micrófonos un exultante Miguel Muñoz, entrenador del equipo que arrolló a los visitantes desde el pitido inicial hasta que el tanteo era suficiente para el objetivo buscado, doce a uno; y no es un tópico. Una alegría global que iluminó con faros de vehículos y banderas nacionales a la España despierta.

—Una excusa emotiva para dar rienda suelta al compromiso nacional con la patria y sus símbolos.

—Había que aprovechar cualquier excusa, por lo general deportiva, para colgar la bandera y aplaudir a España sin que los dedos acusadores al acecho y las voces celosas de la desnaturalización imputaran a los contentos su pertenencia al fascismo militante.

El osado, o inconsciente según la circunstancia, que vitoreaba a España sin una justificación tribal de esas que catalogan como falta leve lo que ya era un pecado mortal, recibía improperios y advertencias en orden aleatorio por los autorizados dispensadores de civilidad.

"¿Quién autoriza a los autorizados?"

"¿De quién partía la orden, pregunta?"

"Pregunto."

"De todos y de nadie, respondo."

"Esa civilidad es opuesta al civismo."

Las consignas fueron promulgadas como sentencias por la autoridad política del momento y aceptadas como tributo de fe por la multitud arrobada y dependiente de la guía potestativa de sus dirigentes. Encaramado a la legitimidad de las urnas y a la clásica supeditación al magisterio del docente así admitido, el vicepresidente del gobierno socialista Alfonso Guerra sentó cátedra y miedo sobre la piel de toro. Profeta de la regeneración, con muleta y estoque y puesto el mundo por montera, dijo:

"El que se mueva no sale en la foto." "A España no la reconocerá ni la madre que la parió." "Montesquieu ha muerto."

Declaración de intenciones con calado, y estulticia añadida en los abigarrados compartimentos de carga ideológica, en las dependencias de la servidumbre y en el cuerpo de guardia y custodia.

Más claro el agua: adiós al Estado de Derecho si desaparece la división de poderes. Entre el pacto con la Corona y el predominio absolutista de la política en curso, la nación española atravesaba la laguna Estigia sin barquero ni monedas en la boca y los párpados; el Hades, próximo destino al despejar la niebla mortuoria, no iba a ser un premio sino un castigo.

La medida y constante amenaza de un mal irreparable, una tortura suministrada a cuentagotas, mermaba la valiente predisposición a no ceder al chantaje terrorista. La sombra del terror organizado con asesinatos, expolios, secuestros e incautaciones nominadas como ayuda revolucionaria a la causa patriótica vasca (luego y tirando del mismo hilo perverso, la excusa patriótica adquirió otros acentos peninsulares e insulares), proliferaba en la cotidianidad de muchos españoles y no tan españoles, algo españoles o nada españoles, víctimas de pasiva complicidad o, en el honroso campo opuesto, actores de aguerrido enfrentamiento a la tiranía marxista-leninista con peculiaridades vascas de origen navarro. El nacionalismo vasco y la iglesia vasca jugaban al despiste pronunciando en mítines y homilías lo de a Dios rogando y con el mazo dando, que trasladado a los púlpitos del resto de España (de España a secas, en versión de los anteriores), y a las declaraciones políticas en ese mismo ámbito generalista, ya fuera en el Congreso de los Diputados, el Senado, las sedes centrales de los partidos o las circulares internas de ordenación de las posturas de cara al exterior, significaba una benevolente interpretación de la parábola del hijo pródigo.

"¿Qué nos tenemos que hacer perdonar los españoles? No lo comprendo."

"No lo comprende porque es español."

"Lo que me dice todavía me deja más a oscuras."

"No es usted el único español perplejo, si le sirve de consuelo."

"¿Consuelo de tontos?"

Doctores tiene la Iglesia es una expresión empleada con cautela, incluso sorna por el intelecto avezado, pero con suma intención separando a la manera escolástica el mero suponer del exacto conocimiento. La feligresía católica escuchaba con respeto la prédica taumatúrgica cuyo efecto aproxima la bofetada a la segunda mejilla. El siguiente mensaje, contraofensiva a la duda razonable que tiende a preguntar sin previa concesión a la deferencia, esquivaba la referencia explícita al afamado consejo del asesor áulico a su príncipe: el fin justifica los medios.

Haz lo que debes y encomiéndate al juicio de la historia o a la divina providencia, según impere un credo u otro.

—Del oscurantismo medieval al deslumbre renacentista.

—Nada nuevo bajo el Sol y tiro porque me toca.

El reino de España y la República francesa, por boca de sus respectivos gobiernos, acordaron delimitar el santuario galo y la actividad operativa de la ETA en suelo español por aquello de compartir el sufrimiento sin llegar al extremo de la socialización —lo del cincuenta por ciento en el haber y en el debe—, cosa inaceptable para los partidarios de la igualdad, la legalidad y la fraternidad. Quizá para que el impulso trascendiese del plano teórico, la letra X con una selección tosca del abecedario, idearon los Grupos Antiterroristas de Liberación, alias GAL; cuya tarea, al nacer viciada, ocasionó mayor perjuicio que beneficio.

"Lo hecho, hecho está."

"Sí, vale. ¿Pero quién se traga el sapo de la autoría?"

"Dejemos que los investigadores de los medios de comunicación que se han propuesto descubrir la verdad de lo sucedido de principio a fin nos relaten la intrahistoria."

"A ver hasta dónde llegan. Armémonos de paciencia."

Legos en la alta y la baja política, pero sin perder ripio de lo que aparecía en algunos periódicos y en algunas radios a horas determinadas, la ciudadanía de todo signo vivía expectante el tramo final de la adhesión de España a la Comunidad Económica Europea.

"¡Un logro!"

"Un trajín."

"¿Ahora seremos europeos de pleno derecho? ¿Cobraremos sueldos europeos? ¿Vamos a tener infraestructuras europeas? ¿Lloverá el dinero en España?"

Lo que se da no se quita, pero lo que se presta hay que devolverlo en el plazo fijado y con intereses.

"Supongo que nuestras costumbres permanecerán intactas."

"Y nuestras trifulcas y todo lo que nos caracteriza en el mundo."

"Es un alivio saberlo. Con suerte nos imitan y con la exportación equilibramos la balanza de pagos."

Las sucesivas aprobaciones de los estatutos de autonomía configuraron la descentralización administrativa, que era la principal reivindicación de los ciudadanos, y la política, que era la reivindicación por excelencia de los profesionales en el ejercicio de la política.

El abundoso despliegue de funcionariado político acarreando competencias exclusivas, delegadas o compartidas, asombró a un buen número de españoles, muchos de los cuales sospecharon que había gato encerrado en las comisiones deliberativas interparlamentarias, enclaustradas en los corrales de pelea, y otros tantos temieron que esa pugna sibilina por arrimar el ascua a la propia sardina condujera a un descosido del siete, finalizando en un roto.

Sobre la mesa negociadora, alumbrada con haces de linterna, fulgían los oprobios junto a las vindicaciones con aura histórica, y los agravios junto a los derechos con enfoque galerista. Cada comisionado exponiendo por turno los antecedentes de las respectivas demandas, coincidentes ellas en el fondo para la mayoría, difiriendo en la forma porque las máquinas no estaban adaptadas del mismo modo para la vía de alta velocidad. La vía rápida auguraba un despegue vertical; de esta guisa, una aeronave modesta ascendía en el empleo a portaviones; la vía lenta, de mayor tráfico, firme mordido y reducidos arcenes, presagiaba un despegue en cierta medida tutelado por un corredor estrecho salpicado de peajes.

"O sea, que los españoles viajan en vagones de clase turista o clase preferente según su origen, recalada temporal, asimilación o adopción."

"Es que no hay nada como ser hijo predilecto de una tierra regada por el rejón de la abundancia."

"No entiendo el comentario."

"Yo tampoco entiendo la configuración del sistema."

El devaneo organizador trajo cola y numerosos enfados que pasaron al archivo de la Administración General del Estado como causas sobreseídas. Más o menos apañado el vestuario, había que enfundarse la ropa de ceremonia y salir a la palestra opinando a favor de las dos vías, de las dos velocidades, de las disyuntivas y de la solidaridad de los poderosos para con los débiles.

"O sea, insisto, además de cornudos apaleados."

"Yo diría que nos quedamos compuestos con las damas de honor, porque la novia ya estaba adjudicada antes de entrar en la edad casadera."

Los españoles refrendaban los tejemanejes de la política al uso con el rabillo del ojo y la resignada actitud de quien se acoge al mal menor. Lo que sea sonará y cuando llegue sabremos si es blanco, negro o gris, canturreaban los españoles para espantar el pernicioso influjo de los trasgos, los duendes y las brujas.

"No hay mal que por bien no venga, hombre."

"Ni lluvia que no cese, mujer."

En 1986 los españoles ratificaban el ingreso en la OTAN y el mandato socialista; de paso, pero sin publicidad directa, también se daba carta de naturaleza a la descomposición del solar patrio cuyos anuncios pasaban inadvertidos gracias a la colaboración de actores y público. El invento funcionaba con apenas oposición, irrelevantes las voces de la discordia, y así lo certificaban con frecuencia las agencias de noticias y los diarios de avisos. Europa, a eso, financiaba proyectos de vertebración nacional. Paradójico. Pero el de España no era el único caso donde la suelta de recursos dinerarios potenció la animadversión hacia los mecenas y el desvío de importantes partidas a destinos encubiertos.

El negocio de las organizaciones no gubernamentales (ONG), todavía incipiente y con la denominación en trámite, cobraba vigor merced a la permisividad concesionaria del gobierno (y de los gobiernos), discrecional, eso sí, que con la iniciativa penetraba en los nuevos mercados sociales emanados de aquellas viejas culturas que en su momento sucumbieron al progreso de la colonización. La ideología era el tamiz con el que se cribaban las solicitudes, camufladas las restricciones a la golosa partición del presunto correspondiente con justificaciones manidas, incluso torpes en la exposición e insustanciales, pero taxativas, que es lo que cuenta a la hora de repartir el dinero de los contribuyentes a unos destinos muy concretos, sectarios, elitistas. Pronto la ambición política terció en la suerte de la práctica caritativa a terceros, daba igual lo peregrino de la causa a defender o potenciar o erradicar, con lo que si no al frente sí a los flancos y en la retaguardia y en la asesoría, nombres de la política con cargo vigente avalaban, auspiciaban y recibían las subvenciones otorgadas a la ayuda al desarrollo y cuestiones semejantes.

Asunto no baladí al tratarlo e intentar digerirlo, pues la caída del muro de Berlín en 1989, y con él y las celebraciones en medio mundo, la extinción aparente de los bloques, de la guerra fría, del telón de acero en su acepción práctica y de la amenaza destructiva de los misiles con cabeza nuclear del imperio soviético, a la izquierda tradicional le faltaba norte y le sobraba historia imposible de ocultar. En segundo plano la disuasión bélica, a punto de la extremaunción la doctrina socialista en su plasmación real, las ojivas nucleares fueron relevadas por cabezas pensantes que, con criterio y visión de futuro, dieron en paliar la debacle con alternativas de paz y amor entre los pueblos de la Tierra, y la adecuada dosis propagandística que abrió hueco en la sensibilidad mundana.

La izquierda benefactora abrazaba las causas nobles que hacen de la vida un ideal y no la cotidiana especulación del impío capitalismo, deshumanizado se mire por donde se mire, voraz como las alimañas y aniquilador del aire respirable. El mensaje llegó, caló y prosperó. Del feminismo a la ecología, de la paridad a la equiparación de conceptos, del comercio justo al régimen asambleísta como pauta de relación interpersonal, no hay espacio exento del control demagógico de la izquierda reconvertida.

"Quien da primero da dos veces."

"Quien miente con desparpajo engaña siempre."

Paradójico, aunque de eso nada. Las feministas y los feministas excluyen de su crítica al mundo islámico y a la herencia maoísta: "Es que son aliados naturales y artificiosos en el proyecto global." Los ecologistas tinturados de verde, rehúyen de todas las maneras posibles la historia catastrófica en materia de cuidados ambientales de los países socialistas, verdadero desastre para la humanidad:

"Había que competir con el sistema capitalista a cualquier precio, sin que importara el coste, y vender la planificación y la subordinación de los medios productivos al poder único como la panacea del futuro." La paridad en las listas electorales y en los puestos de responsabilidad pública descartaba el mérito académico para situar el servilismo y la permanencia como los factores principales en la valoración de los aspirantes a las varias adjudicaciones. "Es una interpretación sui géneris de la igualdad de oportunidades y el reparto proporcional de actividades." El hábito no hace al monje, se dice, y también que a las cosas hay que llamarlas por su nombre: al pan, pan; al vino, vino; al nacimiento, vida y al aborto, muerte; al matrimonio, unión de hombre y mujer concertada de modo legal; y a las uniones de hecho entre dos seres del mismo sexo, lo que son. "Para demoler un edificio antiguo, sólido, estimado socialmente, hay que atacar los pilares en su alojamiento; para pervertir un concepto hay que inficionarlo con una antítesis corrosiva." El camarada Lenin y la hueste bolchevique; el camarada Stalin y sus purgas; los teóricos del Nacionalsocialismo y el Fascismo, Hitler y Mussolini respectivamente, antiliberales ellos y los suyos; a sus delirios expansionistas contribuyeron con gusto y ganas los difusores del ordenamiento sublime y racista a la voz de su amo: Kautsky, Gramsci o Goebbels, paradigmas de la propaganda belicosa y de la estrategia de desgaste, ejecutan en cumplimiento de la obsesión compartida la denigración de la persona para anularla por completo y sin remisión. Subordinar el individuo al grupo, un grupo dirigido con mano férrea y ausencia de escrúpulos, en el que los líderes —hijos del pueblo, guías del pueblo, justicieros del pueblo

y para el pueblo— son el único camino y la única esperanza. La religión del nuevo orden es el partido, los dioses
y sus profetas los disciplinados miembros de la nomenclatura política o jerarcas políticos con un ideario manifiesto
que requiere de la violencia para imponer un modelo de
ser humano y un modelo de sociedad: hay que regir la sociedad, hay que regir los medios de producción y hay que
regir al ser humano. Partido, partido, partido.

"Estoy abrumado."

"Calma."

"Acojonado me tienen."

"Es historia, agua pasada."

"La historia tiende a repetirse con gran facilidad."

"Vamos, señores; demostremos cordura. No suponga-
mos a la tremenda."

"Tengo un presentimiento..."

Los humanos padecemos debilidades que, persuasivas
ellas, dulces cantos de sirena o ilusorias apreciaciones de
una realidad deseada, acaban abriendo la puerta de la fortaleza al caballo de Troya.

—La curiosidad mató al gato, la conducta disipada a la
convivencia y el hedonismo subvencionado a la libertad.

—La prudencia excesiva es timorata, mientras que un
exceso de confianza es letal. Luego, si eso es todavía posible, cuesta una barbaridad retomar la senda de la iniciativa privada.

Los planes secesionistas vinculados al terror y los añadidos a una política sombreada de trueques, con árboles
frutales sacudidos por el tronco y las ramas para que llo-
vieran cesiones, proseguían su rumbo y su método por los
pasadizos subterráneos; aunque a través de los túneles de

ventilación se filtraba de tanto en cuanto un aire de noticias al respecto que ocasionaba reacciones a la contra. Cada equis tiempo, por lo general coincidiendo con los atentados terroristas de mayor trascendencia mediática y social, un silencio ominoso cubría el diseño de los objetivos a alcanzar por fases. Tranquilizar a la población resistente, siempre incondicional y sincera al lado de las víctimas, era un cometido prioritario para las autoridades; en ese punto las diferencias ideológicas o meras de intencionalidad política concertaban un texto de lectura pública y solemne, reiterado hasta devolver las aguas y la vida a su cauce domeñado.

Alguna vez las muestras de adhesión a las víctimas se solaparon con los vítores a los asesinos y el calificativo de terroristas a las gentes de orden. ¿Exaltados o simple y llana libertad de expresión?

"Usted qué cree."

"A mí me da mala espina. Esto huele mal y pinta muy negro. ¿Dónde va España?"

"Tú qué crees."

"No voy a votar."

Las elecciones generales de 1989 las ganó el PSOE, pero ya no por mayoría absoluta. Lo cual no fue un problema para gobernar como a lo largo de la década sin que la forzada inclusión de los pactos con los nacionalistas o comunistas alterara la hoja de ruta de los señores de la democracia española.

# III Exigencia

## Sustancias y vapores

Puede ocurrir de la noche a la mañana y ya nada va a ser igual, entiéndase como antes del suceso, hasta transcurrido un largo periodo de tiempo siempre y cuando prevalezca desde el primer momento la intención de remediar la catástrofe; no sólo de paliarla, atenuarla en los límites de una tolerancia impuesta o introducirla con todos los pronunciamientos a favor en los usos y costumbres de la sociedad. Puede ocurrir lo peor si no se toman las medidas oportunas para evitarlo, porque se asimila a la infamia.

Un vertido tóxico pone en alerta a la población y a sus autoridades. En menos que canta un gallo y sin analizar la causa, pues el resultado de una fuga de partículas contaminantes es previsible, la maquinaría de protección civil atiende las defensas básicas, que además de proteger inician la ofensiva reparadora, a la par que una difusión informativa sensata, de carácter didáctico, mentaliza para afrontar el peligro con diligencia. La lucha por la victoria es cierta y eficaz con estas medidas de puro sentido común.

En el caso opuesto, un manto de sombra avanzando en línea recta cubre el horizonte, y sin la precaución de saltar de parapeto a zanja para ir ganando posiciones acerca el cuerpo y la carga a la meta.

"Consumado el desastre de la Armada Invencible, el rey Felipe II dijo aquello de que había enviado sus naves a luchar contra el enemigo, no contra los elementos."

"Desconozco si los monarcas de la Casa de Austria, los Austrias, gozaban de mayores luces que los Borbones; tampoco si los Borbones de los siglos XVIII y XIX sintetizaron mejor su españolidad, obras son amores y no buenas razones, que los reinantes en el siglo XX y lo que llevamos andado del XXI."

"¿A qué viene el marco histórico?"

"Es una simple asociación de ideas."

Cuestión semántica. Diferenciar a los enemigos de la adversidad climática hoy es un brindis al sol abonado por la incultura. Lo que expresó en su momento Felipe II tenía un sentido indicativo acompañado de pesadumbre, la del hombre atribulado que escribe la historia de su nación, pero no creemos que cundiera en él ni una resignada conformidad ni el olvido con atavío diplomático.

"La fe mueve montañas."

"Si la montaña no va a uno... ya sabe lo que le toca."

Ver la televisión y escuchar la radio.

—La oferta audiovisual crecía al son de la ambición política.

—Hete aquí los canales de televisión privada.

—¿Hasta cuándo?, tú me entiendes.

—¿Hasta dónde?, tú me entiendes.

La década de los noventa fomentó el consumo de televisores y la competencia del ente público RTVE con las empresas de comunicación a las que se adjudicaba una frecuencia para emitir en abierto o mediante pago; los anunciantes iban a poder elegir la catapulta para el lanzamiento del mensaje publicitario y de esta manera dio comienzo una carrera frenética en pos de acaparar dinero y audiencia.

Por su parte, los políticos de las autonomías previeron en la televisión un incomparable instrumento para consolidar por la vía mediática el cacareado hecho diferencial, aleccionando a los televidentes —con independencia de su origen y en paralelo a la lengua romance— en uno sólo de los idiomas autóctonos desde el entretenimiento, la información, el cine y el deporte. Este último campo daba mucho juego a las pretensiones nacionalistas. ¿Quién iba a sustraerse a la visión en pantalla de una retransmisión deportiva de máxima rivalidad? Pocos mortales eludirían la tentación de sentarse ante el televisor o acudir al bar de las cañas y las tapas por estar en desacuerdo con el idioma empleado para narrar las incidencias del partido. Hay cosas que ni siquiera el sentimiento las vence; el balompié, o fútbol, es una de ellas, puede que la señera en el cómputo de las preferencias audiovisuales, si exceptuamos esos acontecimientos económicos o políticos, y también los inyectados de morbo, que por su relevancia social o por lo bien que inciden en la fibra curiosa, son equiparables en el interés público. Así pues, emisión a emisión, los oídos y ojos de los adultos y el segmento en alza de la edad provecta, fueron acogiendo la coexistencia idiomática con un malestar apaciguado, parecido a la resignación pero con alguna pincelada de protesta: "¿Por qué no se aplica el bilingüismo? Lo prescribe la Constitución", respondida en tono suave, diluido en especias, todavía misericordioso, con un argumento útil para la descomposición: "No interesa que el ciudadano elija por si se decanta por lo inconveniente", sentencia práctica y evidencia, para esos refractarios a considerar la realidad como es, de que algunos nunca otorgaron ciencia médica ni valor textual a la Carta

Magna de 1978. Los jóvenes, los adolescentes y las criaturas aprobaban lo que viniera de frente, por detrás o los lados con tal de hacerse un hueco estable y ancho en la naciente sociedad o integrarse a ella sin el incordio de raíces o genética.

"Daban gracias a sus padres o abuelos por haberlos sacado, incluso antes de nacer, de un futuro oscuro, de una vida sin oportunidades, de la amenazadora miseria."

"Fantasmas agitados por la propaganda y el recurrente y muy beneficioso victimismo. ¿Te suena?: "Siempre nos están pidiendo. Siempre estamos dando. Es la historia interminable. Nuestro esfuerzo revierte en otros y aquí nos quedamos a dos velas con tanta generosidad a la fuerza."

"Me suena."

"¡Independencia! ¿Te suena? El coro y la danza de los estómagos agradecidos es un sonido ulcerante."

"Cada cual cuenta la feria según le va. Yo en esto no entro ni salgo."

"Tú no entras ni sales en nada."

El vivir y dejar vivir es una de las versiones de la felicidad y puede que la más loada de las actitudes respecto al prójimo. Si en el mundo cabemos todos, en diferente grado de apretura, cómo va a ser menos nuestra sociedad, tan pluralizada ella de la noche a la mañana, tan solícita para encontrar remedio al disgusto permanente en unos que son de la misma sangre, Rh+ o Rh-, que empezaron siendo minoría y que al ser los pioneros en pedir y obtener siguen a lo suyo sin recato y exitosos. Es comprensible que a base de renuncias y asimilaciones con cargo a un presupuesto local o autonómico o a una nómina conquistada al emigrar de un punto geográfico a otro del mismo país o a un empleo menos precario por su cláusula de duración, sea difícil que la cabeza se mantenga sobre los hombros y la dignidad en ristre. Pero como las circunstancias son cambiantes, y no pocas veces paradójicas, donde antes se ataban los animales domésticos con longanizas ahora se les libera de la suculenta correa para asarla en una parrilla deteriorada y maloliente; y donde antes el polvo de esparto o la sequía estragaban a personas y campos ahora florece la clase media, el negocio y los servicios para propios y extraños. ¿Es por el trasvase de dinero? ¿Es por el cambio de actitud? ¿Es por la recepción provechosa de fondos estructurales? ¿Es por la buena gestión de los administradores, en aras al desarrollo de la comunidad sin exclusiones por razón de ideología, y la correspondiente respuesta de los administrados?

Cada político en sus aposentos achaca los males que le afectan a causas exógenas y los progresos que se atribuye a un acierto peculiar con marca registrada. Esto ha ido acentuándose con los años y no parece que la tendencia vaya a revertirse, ni que instancia de poder alguna de ámbito estatal pretenda modificar el comportamiento o las ideas de quienes bandean con suma facilidad entre la egolatría, la soberbia y el desprecio con rúbrica sarcástica y el lamento, la queja, la reivindicación y el agravio a la medida.

—Mirándose al ombligo.

—Echando balones fuera.

La prosperidad, como la alegría y la tristeza, va por barrios. Mientras unos ponían con denuedo manos a la obra para ascender en el escalafón del bienestar, otros contemplaban su fortuna sin revisar el contenedor. La balanza ha ido desplazando los platillos en sentido inverso a su ubicación original ante la mirada atónita, iracunda y a propósito ciega de los antaño líderes de la clasificación.

"¿Cómo es posible?"

"Te voy a contar la fábula de la liebre y la tortuga."

"No me vengas con cuentos. Aquí hay gato encerrado."

"Ahí tienes la justificación: te han dado gato por liebre. Ya sabes donde ir a reclamar."

Activado el plan de emergencias en su enésima edición, el tropel nacionalista acude a la capital del reino en demanda de mayor disgregación. "Yo quiero lo mismo", pide el catalán señalando al vasco. Petición desestimada. "Pues una equivalencia", insiste el catalán golpeando con el dedo índice un retrato de familia del PNV. Petición atendida, con plazos de ejecución.

El negociador catalán regresa al feudo en volandas.

"Estuvo a un milímetro de soltarlo."

"Lo soltó y cuatro parpadeos y dos lagrimeos después rectificó."

"Es verdad, qué memoria la mía."

"Acuñada en el selectivo interés."

Jordi Pujol emitió su frase lapidaria en un momento de arrebato: "Cuántos tenemos que matar para que nos hagan caso", en referencia inequívoca a sus bien amados colegas vascos expertos en la recolección de nueces vareadas. Llovieron críticas y no frutos secos al político catalán, pero no cuchillos, que conste; su espontánea sinceridad pagó un precio relativo, muy inferior al que tuvimos que costear todos los españoles con el asunto Banca Catalana.

"Pujol es Cataluña, a ver si se enteran en Madrid."

"De la misa la media y sobran egos."

La aventura bancaria del catalanismo político constituyó el precedente de una práctica generalizada con resultado de quiebra para el sistema financiero español. Los bancos, pero en especial las cajas de ahorros, sintieron la rapiña insaciable, hasta tocar el fondo de las cámaras acorazadas, del poder político. Los bancos podían librar la batalla por su independencia merced a los accionistas y la expansión internacional, no obstante jugando a las contraprestaciones en líquido y en especie; pero las cajas de ahorros al tener las patas más cortas, aun estando dotadas de unas prótesis multiusos —contra su esencia y en competencia desleal— por el mismo poder que las corrompía y aniquilaba, mordieron el polvo con el placaje y fueron abordadas sin oponer resistencia sus clientes. Salvo esa omnipresente y agasajada, en origen caja de pensiones para la vejez y de ahorros, que antes de convertirse en banco ya actuaba como tal en toda España y parte del extranjero.

"¿Qué sabíamos nosotros?"

"Lo que queríamos saber. El resto que pasara de puntillas."

Envueltos en sigilo maniobraban los extremos. Raíles, traviesas y contratos sin letra redactados a velocidad de feria en abril. El AVE hermanaba dos ciudades y una ristra de votos cuando el declive del partido socialista era un hecho, pero discreta noticia en vísperas de los fastos del 92.

"Repito, ¿qué sabíamos nosotros?"

"Repito, lo que cada uno quería ver o escuchar."

Los nacionalistas querían escuchar la aceptación de sus exigencias y verlas ejecutadas. Una de las principales, aunque pronunciada en voz baja salvo por el entramado político del terror (la ETA extorsionaba y asesinaba para conseguir una negociación venidera con buenas perspectivas), era la desaparición de la Guardia Civil, del Cuerpo Nacional de Policía y del Ejército de los respectivos territorios, tanto por el aspecto simbólico como por el efectivo, considerando a las Fuerzas Armadas y a los Cuerpos de Seguridad del Estado como mercenarios de una ocupación represiva. No hubo de ir mucho el cántaro a la fuente para que de ciertos paisajes, carreteras y edificios desapareciera el tricornio y la bandera de España; también el nombre de la Policía y sus tradicionales funciones. Un traspaso más de competencias sobre el papel, otro rasgado en el tejido nacional y éste de los que sacuden la conciencia.

"Vaya, vaya..."

"Mira tú por donde..."

La cuerda se tensa por el lugar menos pensado o por donde la fibra se aja y estalla el conflicto bélico al que España acude con soldados de leva. Amorosos quintos, reclutas bisoños de los que no se pone en duda su espíritu patrio, que participan en la operación *Tormenta del desierto* —la primera Guerra del Golfo—, para la reconquista de un pequeño Estado petrolífero llamado Kuwait invadido por las tropas iraquíes de Saddam Hussein. Lástima que George Bush padre detuviera el despliegue militar en la frontera, porque de haber seguido él y no su hijo hasta Bagdad, la capital de Irak, nos hubiésemos ahorrado la segunda parte y, específicamente en España, la campaña de acoso y derribo gubernamental en las elecciones de 2004 emprendida en marzo de 2003 por la izquierda y orquestada por el partido socialista.

"¡No a la guerra!"

"Depende de quien la organice y para qué."

"Bien dicho."

"¡No a las guerras!"

"Ya salió este. Calla que la pifias."

Había que ir con pies de plomo, cuidando las apariencias y aprobando exámenes, para integrarse en la Unión Europea por derecho. El Tratado de Mastrique (Maastricht) preveía para el año 1993 la consagración de Europa como una organización social, política, cultural y económica. El acuerdo recibía parabienes y firmas, pero las reservas también estuvieron presentes, prudentes ellas, taimadas en el silencio, manifestación palmaria del carácter diplomático de las gestiones y los convenios. Lástima que Fernando Álvarez de Toledo y Pimentel, III duque de Alba (el Gran Duque de Alba), dominador de Flandes, no ribeteara el Tratado de la Unión Europea suscrito en Mastrique con sus poderes.

Algunos dedujeron que Europa, desde su perimetral influencia, y la monarquía de Juan Carlos I, en el meollo, garantizaban la supervivencia de España y su pase al futuro sin mayores sobresaltos.

"Europa es la apuesta definitiva."

"¿Podrá Europa con el centrifugado autonómico?"

Las señas de identidad de una nación la hacen conocida, respetada y viable. Una de las joyas patrimoniales de España es su idioma, difundido por todo el orbe de boca a oído y en expansión constante allende las fronteras de España, un valor seguro, de referencia y en alza que certifica y potencia el Instituto Cervantes allá donde se encuentra; sabia creación que mantiene la dignidad de la lengua española en su espíritu y en sus sedes.

Revuelta la del PSOE en la madrileña calle Ferraz, tinglado 70: el hermanísimo ha socavado la figura de Alfonso Guerra, vicepresidente del gobierno socialista. En realidad un entremés para lo que se avecinaba. La palabra corrupción y su intrínseco concepto deambulaban por despachos, calles y domicilios, enmarcando una práctica política y una acción de gobierno.

"Ha caído Guerra."

"¿No ofrecía Felipe González dos por uno como en los establecimientos comerciales? Llévese dos y pague uno."

"Era un decir, ya se sabe."

"Claro, claro. Qué forma de eliminar un estorbo."

Era un hartazgo y llegó a ser terrible para los socialistas el tener que desmentir a diario las noticias que revelaban la ingeniería financiera, turbia y sincrónica, acusando al PSOE y sus franquicias de financiación ilícita. La opinión pública aprendió a recitar de corrido la trilogía empresarial: Filesa, Malesa y Time-Export y a sus administradores, a los responsables por elevación y a la cúpula del partido incluido su secretario general, alias *Míster X*, que vagamente conocía del asunto por la prensa; igual que con los GAL.

"Las mentiras hay que mantenerlas para que surtan efecto."

"Cosa fácil para los experimentados."

Deprisa y corriendo se propaga el fuego en un ambiente combustible. El color de las llamas y la coreografía que prende el viento fascinan a un espectador que disculpa el desastre porque entre tanto hubo espectáculo y belleza.

# El escaparate

Las cuestiones domésticas fulgían con los eventos programados el año de gracia de 1992: la Exposición Universal en Sevilla, los Juegos Olímpicos en Barcelona, la Capitalidad Cultural Europea en Madrid y el Quinto Centenario del Descubrimiento de América en las dos orillas. No cabía una celebración más en España.

"Una casualidad feliz. Ni hecho ex profeso."

"Las coincidencias las carga el diablo."

Había que poner toda la carne en el asador y rezar al modo que cada cual eligiera para cubrir tanto frente de apariencia. Si salía bien el envite, la humanidad continuaría admirando la obra española iniciada medio siglo atrás, aunque previo al "Tierra a la vista" del vigía Rodrigo de Triana cuando divisó una masa terrestre apta para el desembarco, la aventura descubridora de los españoles llevaba siglos en boga pero con menos publicidad y repercusión. Era la ocasión pintiparada para figurar en las portadas de los medios de comunicación universales: España vuelve por sus fueros, enterrando la maldita leyenda negra y un cúmulo no menos renegrido de envidias y maledicencias. Valía la pena el ímprobo gasto que supondría al erario.

"Es por una buena causa."

"De esta se forran un montón."

"¿Seré yo uno de los agraciados con el premio gordo?"

"La que nos viene encima."

Los agoreros contraponían su escepticismo al contento general perlado de oportunidades laborales a destajo y colocaciones temporales con sueldos desorbitados. Parecía que el año 92 iba a ser el ahora o nunca para subir a bordo de la nave fortuna. Tonto el último en coger el tren o el barco. El mundo, sin distinción numeral, contemplaba los preparativos con asombro y con indulgencia, deshojando la margarita de la probabilidad, ¿podrán, no podrán? Los nacionalistas y los separatistas, con distinción en sus funciones políticas, observaban con el habitual recelo las maniobras de encumbramiento nacional, pues a pesar de que la batuta gubernamental estaba en manos socialistas, léase en el planteamiento federalista asimétrico del Estado, la percepción de puertas afuera difería de lo estipulado en los despachos y otras mesas de reunión ensombrecidas para preservar la debida intimidad. La desconfianza es una característica del espectro político separador, siempre en demanda de garantías y pruebas, de transferencia de competencias y participación dirimente en las resoluciones, votadas o pactadas, que afectaran al Estado y por ende a su estructura, finanzas y proyección internacional.

"Yo no culpo al que pide y consigue sino al que cede y da."

"Razón tiene. Contra el vicio de pedir la virtud de no dar."

Se hizo a los españoles y a sus oponentes la boca fraile, y así, a marchas forzadas, el calendario pasaba páginas, expectativas y decepciones. Terrible y cómico a la par el naufragio de la nao *Victoria* el día que probó el líquido elemento; todo iba según lo previsto para una botadura modélica y bendecida por el botellazo en la quilla, situadas las autoridades y comisionados en el palco, la mascota de la Expo de Sevilla, Curro, en cubierta saludando al gentío, hasta que escorando por la izquierda el emblema de la audacia descubridora nacional hizo aguas y en ellas recaló con un suspiro melancólico.

"Mecachis en la mar salada."

"Qué faena, pobre Curro. De esta se corta la coleta."

"Nos vamos a pique, ya lo decía yo."

"¿Cuánto más nos va a costar la filigrana?"

Con el aliento cortado los españoles pro patria aguardaban el salvamento de la nave y su pasaje, para luego y como si tal cosa, ignorando las risotadas del enemigo, seguir con las variadas celebraciones en el año triunfal.

Las desgracias como las cerezas vienen a pares y conformando extraña compañía. Agua y fuego tiñeron de gafe la parcela andaluza de los fastos: el agua inundando el transporte ultramarino y el fuego devastando con su poderío flamígero el pabellón del Descubrimiento, estrella de la Expo. ¿Fatalidad? ¿Imprevisión? ¿Chapuza? ¿Robo con guante blanco?

Anécdotas. La sucesión de acontecimientos y el enriquecimiento a la brava de los tocados por el designio adjudicador camuflaron las pifias, los agujeros y las quejas. Con la excusa de ofrecer una perfecta imagen de la moderna España por el anverso y el reverso, partidarios y detractores de los gastos suntuarios y la ostentación convinieron en callar y tomar lo que se daba, lo que se esperaba y lo que se soñaba. Un pacto de mutuo respeto mientras el escaparate luciera con la diversidad de productos y acentos de los pueblos de España. Fusión cultural y folclore para extranjeros con la trastienda en vigilia.

"Si saco pancartas alusivas a que 'esto' no es España, ¿qué?"

"Que te cierro el grifo. A mí no me pones en evidencia"

"Por esta vez pase, sin que sirva de precedente."

Por si acaso, que el demonio es traidor, a finales de marzo del relumbrante 92, era detenida la cúpula —otra cúpula— de la banda terrorista ETA en la localidad francesa de Bidart. Lo que no fue óbice para que en las respectivas inauguraciones simpatizantes o militantes del independentismo plurinacional mostraran a las cámaras, a los micrófonos y a las grabadoras sus geografías y sus lemas con derroche de aparato propagandístico. A todas luces, la España moderna no estaba unida en sus gentes ni caminaba hacia un destino común.

El balance global del año 1992 manifestó la gran discordancia entre la apariencia y la realidad. El marco era una cosa y el lienzo otra bien distinta; pero la satisfacción por la obra de conjunto también era un hecho, y de ella manaba la fragancia del orgullo.

"Bueno... Prueba superada."

"Ahora a despertarse y pagar."

La despiadada crisis saltaba el figurado muro de contención para empañar el bruñido cristal, espejo de virtudes sociales. Paradojas de la vida.

Manchas oleosas avanzan hacia la costa por la ruta de los sabrosos mariscos; el fenómeno se denomina marea negra. Tragedia ecológica en la vía marítima que enfila y dobla la costa de la muerte cuando el petrolero *Mar Egeo* se hunde y se incendia. Oleaje de fuerte a ligero, decreciendo la repercusión mediática al paso de los días, marejadilla. Humareda en la linde costera que hace pestañear de escozor a la coruñesa Torre de Hércules. Cadencia viscosa en la playa, chapoteo.

"¿Chapapote? ¡La que vamos a liar!"

"Dentro de diez años. Paciencia hasta entonces."

El desastre medioambiental arañó la epidermis del gobierno socialista, qué menos; nada que ver con la profunda incisión en la dermis del gobierno popular en 2002 y adelante. Ochenta mil toneladas de crudo transportaba el buque de doble casco *Mar Egeo*; setenta y siete mil el monocasco *Prestige* que naufragó en la zona una década después. Fue distinto el rasero con que se midió a los gobiernos de turno desde los medios y desde una parte de la opinión pública soliviantada a propósito, y muy distinta la estela de una y otra catástrofe. Es justo reconocer que Felipe González caía mejor que José María Aznar; el resto es imaginable para el lector que no fue testigo de alguno de los sucesos, o ambos por hallarse fuera de la cobertura mediática, y la peripecia política para minimizar las salpicaduras.

Puede que en el año prodigioso, donde iba a ser posible a cualquiera convertir sus anhelos en cosa tangible, la acción de la adormidera teledirigida influyera en la conducción de las protestas por un hecho concreto aunque tan lastimoso y perjudicial. O bien, que la crisis económica difuminada por el ajetreo de aplausos, fanfarrias y confeti en los acaecimientos simultáneos, ya libre de bocado mordiera en la cabeza, el tronco y las extremidades del pueblo llano.

"¡Ay qué pena y qué dolor!"

"Vino san Pedro con la rebaja."

"No, si ya decía yo que pisábamos las nubes."

"Que me quiten lo *bailao*."

Agua pasada no mueve molino. Había que remar con la espalda crujida y el bolsillo agujereado a través de la recesión, confiando como penúltimo asidero en la providencia que, ésta humana ella, no abandona a sus hijos en los comedores de caridad ni en las casas de acogida por mucho que se la ignore, lo mismo que a santa Bárbara, cuando no truena y la bonanza surte la despensa.

A un lado análisis sesudos, la cosa pintaba bastos. Las devaluaciones de la peseta junto a la recesión y el auge en el desempleo no eran para la sociedad ni sus portavocías terrores comparables a soportar una guerra de exterminio; peor estaban en Bosnia; peor se las verían los soldados españoles destinados a pacificar el polvorín de los Balcanes. La vida depara esta sutileza al optimista: por detrás siempre hay alguien en peor situación. Quien no se conforma es porque no quiere.

El inconformismo crecía y se hacía patente por barrios y extractos, a la par que la desconfianza o el paro, y las mentiras del gobierno no iban a la zaga de los asuntos que más afectaban a los españoles; esa también era una guerra de cifras, de voluntades encontradas y de opiniones. Mientras, aprovechando el río revuelto, los nacionalistas y los secesionistas trenzaban su estrategia para o bien apoderarse de las riendas o bien levar anclas con rumbo a la libertad nacional augurada. "In-de-pen-den-cia", el grito deslizado en el círculo protector; "In-con-di-cio-nal", la réplica ambigua; "Dime cuándo, cuándo, cuándo", la dúplica hastiada.

Asuntos domésticos un tanto velados de cara a un exterior también metido en crisis. El mundo occidental y el lejano Oriente se devanaban los sesos para minimizar lo que se avecinaba.

—Y nosotros en mitad de dos conflictos, inertes por narcolepsia e inermes por un pacifismo modelado para cumplir el desmantelamiento del Ejército soñado por la izquierda —y en alguna medida, menos drástica eso sí, por una facción mercantilista de la derecha investida al trote de centro social—, desde que tuvo la certeza de que el lema *Todo por la Patria* y el de *A España servir hasta morir* perjudicaban sus aspiraciones de imposición y sometimiento con aderezo revolucionario.

—Viendo las orejas al lobo, el tráfago interno del gobierno socialista y las franquicias sustentadoras excedía el nivel de nerviosismo corroyendo los mercados y las plazas financieras con lustre añejo. Porque las economías emergentes del tercer mundo a ambos lados del Meridiano 0, avisadas ellas, esperaban su momento afilando las garras.

El mundo nos admiraba, repetía la propaganda oficial. El mundo se hacía eco de nuestras iniciativas y tomaba nota, para copiar y pegar, de esos logros que izaban a España al olimpo de la Democracia y del Estado del Bienestar. La Constitución de 1978, las Comunidades Autónomas y la organización de eventos atractivos y multitudinarios —en teoría y según para que potenciadores de la marca España—, eran los pasaportes hacia el futuro pese a lo importuno de la crisis.

"Las crisis suelen ser inoportunas."

"Las económicas y financieras sin duda."

Las crisis pillan a la mayoría con el paso cambiado y los ojos legañosos. Había empezado meses antes y ya, sin tener plena conciencia del origen, efectos, desenlace o secuelas, las cábalas anónimas y profesionales dirimían, en los respectivos foros, su peculiar batalla para establecer el final de la misma y el fin de un ciclo que daría paso, sin solución de continuidad, al siguiente. Tertulias y publicaciones impresas a la sazón rivalizaban en los anuncios de las causas y las salidas, la profilaxis y la cirugía sanadora. Un guirigay de cronologías, de parches al estilo casero, de advertencias con toque especulativo, de recetas imaginativas si no utópicas, de imputaciones refractarias, de sondeos y de apuntes balsámicos para sobrellevar la doliente cruz de la incertidumbre y la indigencia.

"De los errores se aprende."

"Ese dicho no casa con los españoles."

Pero sí con los que no se sienten inclinados hacia la unidad de España y la defensa de su historia y símbolos.

—Imagino que con propósito de enmienda y dolor de estómago analizaron los capítulos de la historia de España en los que sus equivocaciones, por defectos y por excesos, permitieron a los nacionales vivir y prosperar en su querida nación.

—Imagino que para no fallar el tiro ante una diana de tamaño gigante, esta vez los instructores seleccionaron al personal de ejecución del plan y los medios de apoyo con un criterio político menos revolucionario en el aspecto público aunque con un poderoso aparato de aleccionamiento y propaganda, cedido de mil amores por los artífices de la Transición, suficiente para derribar vestigios de oposición cívica o baluartes de genio y figura, aislados y a la desesperada, dentro de un territorio conquistado.

Esa fue la estrategia marroquí para anexionar el Sahara español a la corona alauita. Y es que donde no hay patrón manda marinero. La marcha verde en dirección Suroeste alertó a las autoridades civiles y militares españolas del peligro de un giro en la aguja de marear desplazando la trashumancia hacia el Norte, lo que provocaría convulsiones y demandas de respuesta acorde a la provocación en la sociedad —¿lo suponían como una posibilidad o estaban seguros de la reacción del pueblo? Por lo que la diplomacia a tres bandas del sálvese quien pueda: la del palacio de la Zarzuela, la del palacio de la Moncloa y la del palacio de Santa Cruz, facilitó el acceso meridional del contingente humano y armado de la ambición marroquí más sus apéndices de implantación burocrática y las maniobras dilatorias para la convocatoria del referéndum de autodeterminación del pueblo saharaui, exigido por la ONU.

"Me abstengo de hacer comentarios."

"¿Al respecto de la ONU o de las consultas populares?"

"De la ONU. Esa organización mundial que en 1966 y 1968 aprobó sendas resoluciones otorgando la razón a España en su petición descolonizadora del peñón de Gibraltar."

"Qué tiempos aquellos en que Gibraltar sólo era un peñón."

Para cuando llegue el desalojo de los obstinados colonizadores a instancia de la sapiente y mediadora Organización de las Naciones Unidas, cuyas resoluciones alumbran el camino de la concordia universal, serán tantos sus vástagos y bastardos, tan ampliada la superficie de tierra y mar y tan arraigado el vínculo con el imperio británico que sonará a chiste, rancio y malo, lo de Gibraltar español y a himno de pompa y circunstancia lo de "Gibraltá inglé", en el dialecto de los acogidos o *Gibraltar british forever*, en el idioma de los amos.

No nos extrañe que la fuerza de España en el mundo fuera residual, siendo amables en la apreciación, puesto que en casa —hogar , ingrato hogar— se denostaba su nombre y su memoria. La profusión de apelativos descalificadores a España y de estudios, por así decir, financiados a través del Presupuesto General del Estado para extirparle su partida de bautismo, la obra de sus hijos y allegados, la sangre y los órganos vitales, formaban una muralla, visible desde una estación orbital, erigida por las facciones empecinadas en disgregar a posteriori del saqueo con la inestimable colaboración de los adictos a la desidia vulgo esto no va conmigo, qué se le va a hacer, algo habrán hecho, yo no entiendo de eso.

"Yo no sé de qué va el asunto. Lo que me dice lo he leído en la prensa", repite Felipe González en vísperas electorales. Cantilena tragicómica muy al gusto del personaje que, temiendo un desalojo de la Moncloa, presume la manera de continuar pilotando la nave, desde el Gobierno, incorporando a un número dos que desvíe el hambre de verdad respecto a los asuntos de corrupción y crimen de Estado hacia un remanso de convalidación puritana, sanadora y lavandera. Da en el clavo con la designación del vasallo Baltasar Garzón, juez en boga, polo de atracción y administrador único de sumarios, cajones y llaves, sustituto del escudero Alfonso Guerra, desacreditado a impulso de hermano, purgas y absorciones. Un acierto ratificado por las urnas. El PSOE vuelve a ganar aun dejando bastantes pelos en la gatera.

"Después de tanto latrocinio, de tanta mentira y de tanta manipulación, la victoria sabe a gloria aunque haya distancia de pacto a la mayoría absoluta."

"A quien le supo a gloria el resultado es al contubernio nacionalista. Si antes se contaba con ellos por encima y por debajo de las mesas, ahora no te cuento. ¡Cómo se frotaron las manos!"

En esas manos residía un auténtico cambio de políticas y escenarios. Pero la confianza en la regeneración fue flor de un día; y a la ingenuidad de algunos jóvenes y adultos sucedió, en horas veinticuatro, el pesar de los viejos españoles que divisaban cada vez más cerca el final de la historia.

"¡Será posible que repitan! ¿Pero no ve la gente adónde nos han llevado? ¿Pero qué hace falta para echarlos del gobierno?"

"Un pueblo con ganas de trabajar para su patria, en mi opinión."

No hubo quinto malo por un pelo en 1996, probablemente debido al destape de lo taponado por periodistas, banqueros y financieros, negociantes en las esferas y el voto de los electores tan fieles ellos a la inercia y al costumbrismo. También influyó que el vasallo no hallara bondad en su señor, tan proclive él al engaño que sin querer o queriendo siguió su norma de conducta y la lectura parcial de artículos y editoriales ajenos a imputaciones y reconvenciones. Oídos sordos y orejera calada el ínclito socialista y su guardia pretoriana. Pero se multiplicaban las grietas en el casco, las turbulencias en las cloacas y las delaciones en las capillas. Noticias a raudales fluían por diversos canales ingeniados para la venganza y la permuta de cromos y asientos, en busca de embalse o corriente, según el objetivo; un caudal tan notorio que era imposible sustraerse a la letra y a la música del réquiem.

El vasallo Garzón, fichaje estrella de un agobiado Felipe González sugerido por José Bono, condimento manchego para todas las salsas, se postuló para superministro de alturas y bajuras, en igualdad de condiciones poderdantes que su nepotista colocador, espalda contra espalda y frote con frote para repeler el ataque de los insecticidas. Un paréntesis sólo. Qué poco dura la alegría en casa de los mal avenidos. Telón arriba, telón abajo y átate los machos que voy a por ti, masculló el político Garzón ubicado en la judicatura. Pensado y decidido: el justiciero Garzón —título bordado con pétalos de claveles reventones— abrió el cajón, extrajo el sumario de los GAL y cogió la maza: Visto para sentencia. Anda y que os den, silabeó al espejo en el aposento de narciso.

Arrieros somos y en el camino toparemos, acordó con sus fieles el número uno, alias dios, alias el aventajado. La venganza, medita Felipe González en uno de sus raptos místicos olorizados por los cohíbas, es un plato que se sirve frío.

La venganza es un manjar de dioses, medita el presidente del PP José María Aznar puestos los codos sobre la mesa de su despacho en la octava planta de la calle Génova; apoyada su barbilla en el anverso de las manos. Un plato sobrio y elaborado, con ingredientes secretos y el toque personal del maestro restaurador, deduce Aznar clavando su mirada en el futuro. Se ha acercado mucho, como quien dice está a un tiro de piedra de la Moncloa. "Pero, ¿por qué no ha sido ahora?", se pregunta. Se pregunta si ha habido un tratamiento erróneo del momento sociopolítico y económico, o si la medición estadística de sus asesores ha olvidado algún parámetro fundamental; o si ante el carismático Felipe González la suya no es la imagen ideal para reemplazarlo en el poder. Preguntas a las que quisiera encontrar respuesta allende la caricatura de los personajes.

Para troncharse de risa, si no fuera por la segunda lectura y su plasmación, el nombramiento de Narcís Serra como ministro de Defensa en 1982; una advertencia para las Fuerzas Armadas de lo que esperaba al Ejército, y por ende a la defensa nacional, si el mandato socialista perduraba y su mensaje se extendía y calaba en una remozada sociedad de corte pacifista. Hombre de confianza del presidente, Serra acumuló poder interno e indiferencia externa, lo que equivale a estar presente pasando desapercibido, ojos y oídos del indiscutible número uno, hasta posicionarse en la vicepresidencia del gobierno, en 1991, confirmado en 1993, con las extremidades aferradas al entonces CESID.

"Buen servicio dio a su jefe."

"Todos los socialistas o personal de brega bajo la égida del socialismo, dieron, dan y darán un servicio esmerado y decisivo a sus patrocinadores. Es una constante de fácil comprobación."

Salvo deserciones y sonadas fugas, como la de Luis Roldán, cada eslabón del pergeñado engranaje en el desempeño de sus funciones resultaba de máxima utilidad a los objetivos socialistas; y a los objetivos latentes e intercambiables de los dirigentes del Partido de los Socialistas de Cataluña (PSC).

"Lo de Roldán tenía delito."

"Lo de Roldán fue una mentira y un delito de lesa patria. Pero convertirlo en un muñeco de pim-pam-pum es descargar de culpa e intención a una miríada de políticos que aun llevándoselo crudo salieron de rositas y viven del momio liberados de señalamiento judicial."

"Es que hay gente muy hábil en la *res publica*."

"Será que la *res publica* tolera lo intolerable a sus adheridos."

Los huérfanos de la Guardia Civil, y en general el benemérito Cuerpo, sufrieron la vanidad y la codicia de quien aireaba títulos universitarios y experiencia multidisciplinar, contactos mundanos y conexiones trasnacionales por si era preciso poner tierra de por medio al hundirse el edificio. Roldán partió a un exilio salvador y regresó esposado; un tiempo moderado de cárcel y a pasear sus hazañas con una pizca de nostalgia.

¡Qué tiempos aquellos en que para enriquecerse rápido bastaba con el carné socialista del PSOE o la bendición del ministro de Economía Carlos Solchaga! España, paraíso de fortunas a la carrera y con derecho de admisión. Absorto, el mundo financiero de allende las fronteras dudaba entre copiar el sistema español de prosperidad insuflado por la política al uso o de él protegerse con cuarentenas y otras profilaxis que incorporan alarmas y barreras consistentes. No obstante, y con dispar resultado, hay quienes tantearon esta práctica en los cinco continentes y de aquellos polvos estos lodos.

"Para una vez que exportamos picardía..."

"La pandemia economicista. Por curiosidad y a modo de adivina adivinanza con un dejo de impotencia, ¿sabe alguien si la doctrina marxista y la momia de Lenin desaparecerán por fin de la faz de la Tierra?"

"Yo lo que sé es que en un minuto volarán improperios y calificativos para la propuesta."

"Vaya novedad la de estos indignados."

Provocaba indignación y desasosiego el desfile de instancias del Estado y personajes de relevancia social por el Congreso y los juzgados para declarar como imputados, y alivio su recalada en prisión. Ex gobernadores, ex ministros, ex síndicos, ex banqueros, ex altos cargos de la Administración, financieros y empresarios tentados por las ramificaciones políticas y el halo de impunidad para los manejos participados con los que a partir de la ley surge la trampa; con excepciones que el propio poder político se encargaba de aislar como aviso a navegantes. El circo ya tenía sus pistas adjudicadas.

"Dos son compañía y tres multitud, amigo mío."

"Punto, juego y partido."

La galopante corrupción indisimulada hizo alguna mella en el mapa gobernante socialista, pero aún no causaba el estrago de una derrota electoral; una dulce derrota para los perdedores y una amarga victoria para los ganadores.

La ganancia de los pescadores nacionalistas en las aguas agitadas por el irrefrenable declive socialista era económica, ¡vaya novedad!, y política, ¿eso es novedad? Jordi Pujol y su coalición mercadotécnica-democristiana, CiU, conquistaban una nada desdeñable porción de IRPF a cambio del apoyo al PSOE en el Congreso y el Senado de Madrid, y la tranquilidad parlamentaria para sus maniobras, inmersiones e interpretaciones de la Constitución, en Barcelona. Hasta la fecha de caducidad de Felipe González, visible en el horizonte, el contento matizado se instaló en la Generalidad de Cataluña; los catalanes no iban a recortar trecho significativo al cupo ni al concierto de vascos y navarros, pero ese era el camino político, embozado y recoleto, para equipararse en el siglo XXI con los guías de la confederación, la despedida y el cierre por defunción.

Surgieron protestas a mano alzada y morro caído en las filas socialistas al conocer la noticia, insuficientes para remover un acuerdo asentado pero por sí mismas capaces de ampliar la cesión tributaria al resto. Menuda sorpresa desagradable para los ufanos cesionarios del impuesto; tanto esfuerzo negociador para compartir un logro que se aspiraba exclusivo. Qué fiasco. De nuevo el vendedor de humo les ganaba la partida. A tragar el sapo y a esperar la revancha.

—¿Cuántas venganzas llevamos contabilizadas? Tantas como participantes de enjundia en la fiesta nacional.

—El caso es que la revancha o venganza del nacionalismo catalán se destinaba al siguiente gobierno: el del PP. En teoría, el socialismo —distribuido geográficamente en franquicias— actuaría por lo general como aliado en las reivindicaciones autonomistas del nacionalismo catalán, vasco, gallego, canario, andaluz, castellano, murciano, madrileño, riojano, astur, cántabro, balear, valenciano, navarro, aragonés, manchego, leonés, extremeño, ceutí y melillense. ¿Me he dejado alguna comunidad?

—Prosigue con los cantones y llegarás a la República.

—A la II República bis.

El cesionista Felipe González respiraba con cierto desahogo. Sabía que su sucesor en la Moncloa, José María Aznar López, toparía con la protesta fulminante del nacionalismo en expansión si el tanto por ciento de IRPF no aumentaba presupuesto a presupuesto y con él no viajaban de centro a periferia un séquito progresivo de impuestos indirectos muy dúctiles ellos en su aplicación. Sonrisa y puro en su pétreo rostro. Nunca está todo perdido si se atan bien los cabos y se negocia con potentados, profetiza mirando las fotografías del sultán marroquí y de un magnate mexicano llamado Carlos Slim.

# Subidas y bajadas

La vida y los mercados son así. Por mucho que uno se empeñe en mantener sus privilegios, aliñados con inmunidad e impunidad, si el sostén pierde elasticidad y atractivo su diseño, la figura decae y se disuelve.

"Estaba previsto y descontado."

"Ya... Pero la sombra es larga y sarmentosa, reptante y viscosa."

"La mala sombra."

El PP vence en las elecciones al Parlamento Europeo de 1994, lo que representa un espaldarazo para José María Aznar. El aparato del partido, los militantes y los simpatizantes, cierran filas en torno al presidente —"No hay tutelas ni tutías", exclamó Manuel Fraga troceando la carta de dimisión escrita de puño y letra por Aznar, para que no se diga, en la entrega de poderes a su elegido— vislumbrando un final feliz a la refundación. Una de dos: Felipe González salía de la Moncloa por los escándalos, delitos y corrupciones o porque un madrileño adusto que hacía poco ruido y no se iba a dejar engañar otra vez recibía el apoyo en las urnas de los españoles para sanear y poner orden en el Estado. Con los propios a favor, estando las excepciones custodiadas, los analistas internacionales en pausa y los colegas a verlas venir con insinuada indulgencia al líder emergente cabía la posibilidad; eran numerosos y con tendencia alcista los deseos de apartar a Felipe González de la responsabilidad gubernamental en España y en Bruselas; la nueva hornada de dirigentes políticos reclamaba el pase a la reserva de una generación con figuras descollantes entreverada de arribistas campechanos que medraron a la umbría de los recios árboles.

Parecía que la suerte estaba echada en la carrera electoral, "ahora sí que sí", y sólo un tropiezo del aspirante o un pésimo asesoramiento de los estrategas del partido —cosa probable— eran los dos únicos factores a considerar como obstáculos de importancia para el cambio; aun así, descontado el desliz humano y el error en las previsiones, la victoria acariciaba la sede del PP y a millones de españoles hartos de la hegemonía socialista.

"Se nota, se siente..."

"No hay que vender la piel del oso antes de cazarlo."

El tercer factor a considerar como impedimento para ganar en votos y escaños al PSOE era el de la acción terrorista.

"Por el canto de un duro se salvó Aznar del atentado."

"Eso fue un milagro."

Una bomba que incumplió su cometido por milímetros dio a José María Aznar el carisma que no había recibido como don en la dimensión política y un segundo aniversario de nacimiento. Impresionó a la gente y a los periodistas que cubrieron el suceso la entereza del presidente del PP tras haber sufrido un susto mayúsculo, que en eso quedó para él; para los familiares de la persona muerta por la deflagración y los heridos la calificación es de tragedia, de horror, de sin sentido asesino.

Suma y sigue en la luctuosa lista de víctimas del terrorismo.

El tercer factor puede que sirviera de lanzadera al líder de la oposición. En 1995 se perfilaba la alternancia en el poder en los despachos y en la calle. Aznar era un valor seguro para retirar de la preferencia de los votantes al secretario general del PSOE, y la investigación judicial de las tramas financieras y de actividad ilícita en varios campos de miembros socialistas con peso específico catapultaban al PP en los sondeos.

"La victoria en las elecciones generales se tocaba con la punta de los dedos. Era la culminación de un largo ciclo."

"Todo lo contrario respecto al final de la ETA."

Los protectores de la banda criminal pululan en las inmediaciones se mire hacia cualquier dirección. La evidencia es aterradora, pero un silencio cómplice y también cobarde esparce velos ante las sospechas.

—Es impensable que la ETA dure tanto, incluidos los paréntesis de treguas trampa, sin la participación de poderes fácticos es su afianzamiento, en su operatividad, en su promoción internacional y en su descargo. Opino que el terror ha sido y es rentable por las muchas cuerdas que de él tiran.

—Opino lo mismo y añado que el terrorismo de la ETA se ha distinguido, con plena conciencia y aval de ello, de otros con señas de identidad parejas que también sembraron crímenes y comunicados: el de los GRAPO, el del FRAP, el de *Terra lliure* (reconducido a la política en la parte que no fue asimilado al de la ETA), el del Ejército guerrillero del pueblo gallego, el de los Comandos autónomos anticapitalistas y, por finalizar la relación, el del canario MPAIAC. La actividad política y terrorista de la ETA ha partido de unas mentes concretas, ha recorrido diversos escenarios y ha desarrollado tentáculos en áreas de influencia para alcanzar variados objetivos. Digamos que la ETA es una multinacional de encargo por plazos de ejecución, bien publicitada.

Un negocio lucrativo como el del terror no cesa así como así; al contrario, en vista del éxito va ganando adeptos en los clanes y en las castas a la par que perfilando las estrategias de penetración, mantenimiento y difusión de mensajes con lectura pública y privada.

"Es una gran mentira."

"No sé cuál es el grado de verdad o de mentira en los comunicados terroristas; lo que sé es que acuden puntuales a su cita con el devenir político. Cada equis tiempo ahí están protagonizando los telediarios y las tertulias."

"Pues sí."

*Cartas malditas* las que escribe el terror que hace suspirar a las conductas decentes: *Así está España*; la *Tragicomedia de España*. Es un pensamiento amargo el que rebulle en las neuronas de muchos españoles, crédulos e incrédulos en proporción equivalente, a los que el periodista y escritor Emilio Romero durante años de ilustre exposición y crítica dio voz y títulos como los tres citados; es un pensamiento que duele pero que no cesa.

"Lo que yo digo: el terrorismo no cesa."

"Al igual que la energía ni se crea ni se destruye, sólo se transforma."

"Dios quiera que se equivoquen el uno y la otra. Rezo para que nos libremos de esta lacra."

Millones de españoles rezan para que les toque la lotería.

"Si me tocara..."

"Si te tocara..."

La crisis económica se supera con un pellizco de la diosa fortuna; la crisis nacional requiere de una pléyade divina con ganas de intervenir. Pero la primera es la que se lleva la palma en la cotidianidad de los españoles, oprimiendo donde más ahoga. Con algún aliviadero, que es mera apariencia, en noticias que se comentan porque la actualidad las ventea y quien más o quien menos suelta una ocurrencia o un aforismo.

"Lo de las escuchas del CESID tiene guasa."

"Tiene delito."

"Me voy a creer yo que ahora se ha descubierto el montaje. ¡Ja!"

"Lo que yo creo es que ahora sale esto porque interesa que se conozca."

Políticos, empresarios y periodistas han aportado al servicio de inteligencia material con el que entretenerse, cumpliendo órdenes de espionaje, durante los turnos de guardia; un material útil para el quid pro quo. La seguridad es media vida, se sabe. La seguridad es cara. La seguridad competía a la Presidencia del Gobierno con incrustaciones militares adscritas a la defensa nacional. La Defensa Nacional era una entelequia de carácter versátil y contenidos de libre disposición por el Ejecutivo, discrecional en sus funciones y al aplicar lo extraído.

"Información del rey abajo."

"Pensar que algunos cobran fisgoneando en los compadreos. ¡Dónde vamos a parar!"

La vida estaba muy achuchada para el vulgo y pendiente de las elecciones para el PSOE. La crisis económica no remitía, la opinión pública terciaba por el cambio efectivo de políticas y políticos muy ajena al trasiego de hombres y nombres en el sumidero; y los aliados socialistas hasta entonces sordos, mudos y ciegos salvo para reclamar los importes debidos por la asociación cómplice y encubridora, emprendieron una retirada metódica hacia sus cuarteles de invierno a la espera de la llamada telefónica del nuevo inquilino de la Moncloa. Felipe González y su nutrido grupo de asesores estudiaban una contraofensiva que limitara el cerco a una posibilidad de derrota en vez de a una probabilidad. Había que salvar los muebles y clavar al suelo las alfombras. Preguntaba, y se interrogaba en *la bodeguilla*, el todavía presidente y secretario general del PSOE, quiénes eran sus apoyos, de quiénes podía fiarse para desbaratar las previsiones estadísticas y a quiénes podía recurrir para hipnotizar a los votantes que, como sus otrora aliados, le daban calabazas. Eso no se le hace al protector, pueblo desagradecido. Le dijeron que había bazas en la recámara; le dijeron que a él tenían que ganarle en su terreno; le dijeron que la partida no había terminado; le dijeron que quien ríe el último ríe mejor.

Las elecciones municipales y autonómicas de 1995 obligaron a una reestructuración en la oferta y la demanda del espectro parlamentario. Adiós, Felipe, adiós, canturreaba la plana mayor del PP preparando el asalto final al Consejo de Ministros. José María Aznar, en su rol de líder centrado y ciertos personajes de la vieja guardia de AP, experimentados en el fracaso, eran cautos; por el momento acariciaban la victoria con una mano, no la tocaban con las dos; por el momento reprimían la efusión porque cuanto más alto más dura es la caída.

La consigna en la calle Génova era moderación y trabajo. La consigna en la calle Ferraz, en la calle Gobelas (sedes del PSOE) y en la Gran Vía, 32 (sede del Grupo PRISA), era la de poner a buen recaudo lo inconveniente en una entrega de poderes.

Los nacionalistas evaluaban el presumible nuevo escenario con sus bisoños actores. Reuniones poco o nada difundidas a las ondas forjaban un grupo (*lobby*) de presión, un supragobierno de constituyentes para continuar sin fatiga ni desmayo la tarea demoledora. La victoria del PP, en sí misma considerada, parecía perjudicar los objetivos nacionalistas; una mayoría absoluta —suficiente, pedía Aznar— sería catastrófica, imaginaban; una mayoría relativa, bien tratada, podía revertir en propio beneficio callando, además, esas voces de protesta contra ellos de los de siempre.

"¡Viene el PP. Vuelve la caverna!", corría la especie emitida desde la cueva incógnita.

Contra el terrorismo y los terroristas manifestaron su protesta centenares de miles de españoles en Madrid en febrero de 1996. Una gran muestra de adhesión con las víctimas y de rechazo a la traición por la vía de las componendas y el melifluo embaucamiento de las almas cándidas. El movimiento cívico alertó a las autoridades en vigor; con los políticos y sus aledaños era dable negociar y pactar, pero con la gente de principios sería estéril el camelo.

"¿Cuántos han salido?"

"Muchos y al unísono."

"Y sin cobrar por la presencia, toma nota."

"Eso es lo más temible."

Los símbolos nacionales, bandera e himno, también pesaban lo suyo. Pero era el contraste con lo que venía sucediendo hasta la fecha lo que más impactaba. El predominio de informaciones generadas en el ámbito nacionalista cubría un gran espacio en los medios de comunicación y en las tertulias políticas, alternando los platillos de balanza al

resumir las noticias de la jornada o al comentarlas desde
los diversos prismas. Por si no fuera bastante para el español de a pie esta continuada presencia, a modo de taladro,
de quienes exageraban sus virtudes y sus "reclamaciones
históricas" evaporando sus defectos y el cúmulo de cesiones descentralizadoras —nunca suficientes ni dotadas al
gusto del adquiriente— con la imprescindible anuencia de
los poderes fácticos, en lo tocante al buen yantar y al buen
beber —y no es una anécdota—, también vascos y catalanes —y algún apéndice gallego—, se llevaban la palma,
los aplausos, el certificado de calidad y el refrendo de una
ciudadanía entusiasta de gastar sus haberes en los establecimientos rotulados en catalán, vasco o gallego.

"Si es vasco es bueno."

"Si es catalán tiene que ser bueno."

"Si es de Galicia será bueno."

Si era español el producto o la iniciativa estaba desfa-
sado o desfasada; ni que decir que si se trataba de un tema
de historia el sustantivo aplicado era ucronía o directa-
mente falsedad. El enemigo jugando siempre a sus anchas
y en casa, con el árbitro y los jueces de línea a favor y un
público incondicional por acción u omisión.

"Un chollo."

"La cuadratura del círculo. Cuanto más ataques más te
embolsas y se te considera. Estos se lo montan de cine."

"Y yo si me dejaran. No es que sepan latín es que han
aprobado la asignatura sin examinarse. ¿Estamos?"

"¿Qué nos tenemos que hacer perdonar los españoles?
¿Me lo puede explicar alguien sin fárragos adormecedo-
res?"

"No hay una explicación congruente para resolver este enigma lo que se percibe es el acatamiento a unas directrices por las que ellos se lo guisan, ellos se lo comen y nosotros pagamos el pato, la cama y el billete de ida."

Cundía un malestar patriótico apenas influyente, bajo control y supervisión facultativa, atemperado por el desconcierto y ese agarradero de la esperanza que es el clavo ardiendo del voto a una formación política concreta, ¡vana ilusión!, minusvalorada la protesta pública y acallado el argumento contrario con retóricas y sofismas elaborados en la factoría del enredo.

Las expectativas eran grandes antes del recuento de votos en marzo de 1996. Luego, tras el anuncio de la pírrica victoria del PP, los ánimos decrecieron en los deseosos de un cambio de políticos y políticas. Se cerraba un ciclo, en teoría, quizá el de la Transición. El mensaje del nuevo Gobierno era esperado con impaciencia por sus votantes y con adiestrada calma por los oponentes, conscientes ellos de que el recorrido de las palabras está condicionado al de los hechos y la herencia.

"Menuda papeleta le espera al del bigote y sus ministros."

"No les arriendo la ganancia."

"Es un tipo antipático este Aznar. No motiva a la gente. Fracasará en seguida, te lo digo yo. *Estepaís* quiere políticos con chispa, mitineros de balconada, populistas con garbo y salero."

"Mientras sea efectivo me trae al pairo su sonrisa o sus chistes. Ya hemos tenido gracias y graciosos para una eternidad."

El legado socialista era de aúpa. Pero aún peor, y causa primera, era el tobogán de vertido configurado por aquellos miméticos centristas agrupados en las siglas UCD, cuyo arrepentimiento por la tarea de zapa, aunque no general ni en abierto, llegaba tarde y mal. "Que Dios me lo demande", compungida la voz, tristonas las facciones. "Nos movía la buena fe y el espíritu de reconciliación nacional. Tan sólo pretendíamos...", lavadas las manos, sacudida la responsabilidad del traje y el uniforme, cobrando a toca teja por la memoria política.

El tope a la rampa lubricada corría a cuenta del votante; como un pago más a la Hacienda española. El orgullo del político no le permite suplicar ni reconocer las deudas ni asumir con un real coste las equivocaciones; para eso ha inventado la fórmula eximente de la sentencia en las urnas. Claro que en ocasiones tal sortilegio de uso tópico no basta para tomar las de Villadiego y pelillos a la mar, de ahí que a la chita callando, en connivencia pese a las ideologías, lo de la independencia del poder judicial tornara en falacia. Más vale prevenir que curar, pensaron con certera intuición en la génesis del sistema de partidos.

Sin embargo, el veredicto ciudadano en las diferentes elecciones servía como medio de sanción o premio y todos los examinados contentos, o bien por salvarse de la quema o bien por entrar en nómina de los contribuyentes. Ahora tocaba al PP sacar a España de la crisis, deshacer los entuertos del periplo socialista y las secuelas de la UCD, rellenar las arcas del Estado y proyectarnos al futuro limpios de polvo y paja.

"Para eso se le ha votado."

"Para eso no se ha votado al PSOE."

El número de escaños para el PP obligaba a los pactos con las fuerzas nacionalistas —sedientas de acuerdos unidireccionales—, dispuestas a imponer peajes a trochemoche advirtiendo la debilidad y tembleque de los ganadores ante la envergadura de la misión o el miedo de éstos a perder los billetes de entrada a la Moncloa si fijaban una postura digna y nacional, ansiada por millones de españoles con voz y voto en franco retroceso.

La negociación para formar gobierno en realidad fue un trámite de cara a la galería. De acuerdo las partes, cerraron un compromiso de gobernabilidad extensible a la duración de la legislatura por el cual los nacionalistas catalanes y vascos amentaban su influencia en las decisiones de Estado —suma y sigue la paradoja—, en el camino hacia la soberanía fiscal y en la transferencia de competencias. Parabienes y sonrisas multiculturales en un hotel de Barcelona y en la sede del PP.

"Finalizado el acuerdo a satisfacción de los firmantes, ahora a trabajar", pregonaban los portavoces del PP. "¿Para quién?", se preguntaba el votante del PP y el bloque abstencionista.

Los anteriores gobernantes y aparato ejecutivo reposaban la derrota provisional bien surtidos y mejor acomodados, con la mirada ganduleando en el infinito cárdeno y la climatización en su punto. La obra empezada iba a continuar según la hoja de ruta; y pasado el lapso de recomposición, ya en su nivel de funcionamiento idóneo el engranaje, tendría lugar el relevo. Así de simple.

Por si quedaba alguna duda en los futuros gestos del nuevo gobierno en pro de un diálogo con los terroristas de la ETA y sus tentáculos políticos, poco después de la investidura ya se producían acercamientos de presos a las cárceles vascas. El presidente del Gobierno y su ministro del Interior pasearon la iniciativa mientras aguardaban un comunicado de la banda declarando la tregua indefinida.

# IV Relaciones

## Lo que parece

La puesta de largo de José María Aznar como presidente del Gobierno de España fue acogida con división de opiniones. Hubo descontento en los votantes del PP y también, aunque difuminados, en las filas populares, traslucido a los medios a pesar del disimulo orquestado por la dirección del PP. "Ante todo gobernar", era la consigna en la calle Génova y en las delegaciones territoriales del partido, cuyos responsables de la noche a la mañana comenzaron a retirar la bandera nacional de las fachadas y las referencias a España dentro y fuera. "Por seguridad", era la alegación ante la extrañeza acompañada de interrogación.

"Cosas de la política parda."

"Eso pienso yo. Si más sabe un necesitado que un abogado, ¿por qué entregar armas y bagajes a quien de ti sólo espera la claudicación."

"Eso digo yo. Para tal viaje sobraban las alforjas."

Insospechada deriva para el votante del PP. Cierto que las matemáticas son una ciencia exacta y que sin un número determinado de escaños a favor queda invalidada la acción gubernamental; pero de ahí a correr con los brazos abiertos en pos de un acuerdo con las formaciones nacionalistas media un abismo. De los pusilánimes se escribe la misma sátira que de los timoratos o cobardes, reídos en los muchos teatros que la vida depara, y en el pecado que cometen va la inefable penitencia. El votante del PP permanecía incrédulo y lastrado con el baile de reuniones que los suyos y los contrarios propiciaban de continuo, aunque todavía confiado en un resurgir de la nación y su economía; esto último era el gran objetivo.

"A por la economía al precio que sea."

"Con mesura, que luego las facturas deshacen lo recuperado."

"Rápido y bien, que para eso les hemos votado o nos hemos abstenido. ¿Se enteran?"

"Nos enteramos tarde."

Los que se las prometían muy felices con el cambio de gobierno pronto mudaron la sonrisa y asomaron en los rostros y las frases un temor fundado.

"Esto pinta mal."

"Esto pasa de castaño oscuro."

Los apretones de mano entre populares y nacionalistas recordaban a los habidos en legislaturas precedentes. Como el panorama antiguo se asemejaba demasiado al nuevo, era deducible lo que venía.

"¡Más de lo mismo! No es posible."

"Me da que sí."

"A mí mientras me solucionen la economía me da lo mismo que lo mismo me da unas siglas que otras."

"Hay que ser prácticos."

El votante socialista menos recalcitrante y los abstencionistas contemplaban los movimientos alrededor del tablero en situación de jurado, circunspecto el ademán, acomodados en el paréntesis que debía rellenar las arcas de la Hacienda Pública en un plazo razonable, disfrutando con los agobios del Gobierno y las vueltas de tuerca de la oposición en pleno.

"Si nos saca de esta, Aznar y su equipo se ganan el cielo."

"Para sacarnos de esta no queda otra que dar marcha atrás en el tiempo. ¿Me entiende?"

"¿Hasta dónde para acabar y desde dónde para empezar?"

"Decida a su gusto el momento de la apertura o el cierre, que soñar es gratis. Yo barajo los años 1492, 1525, 1643, 1714, 1808,1936 y 1975, porque sirven para un roto como para un descosido y tanto montan montan tanto. ¿Me entiende?"

"A usted sí, al PSOE y a los nacionalistas también, pero al PP no."

Qué mal se lleva lo de no tener alternativas reales.

Sea cual sea el juego o la coyuntura hay quien siempre gana y, buscando un paralelismo ilustrador en el refranero, de la necesidad hace virtud. Gracias a un sistema político elaborado por y para los partidos, las franquicias electorales o las coaliciones, el domingo de votación se convierte en el día del juicio final, cada papeleta es un veredicto y el resultado que llena el Congreso, el Senado o los Parlamentos, Consejos, Mancomunidades, Cabildos, Diputaciones y Consistorios un enjuague. La responsabilidad del Ejecutivo saliente —cuando el entrante difiere en ideología al menos sobre el papel— queda transferida como una competencia más —sin retribución económica a modo de dieta o prima—, asumida por los sucesores a título póstumo —permítasenos el apunte de humor negro—; con lo que la disolución de las Cortes lleva aparejada la de cualquier responsabilidad ajena a la judicial instada por denuncia o querella; tan improbable de prosperar.

El pueblo español, soberano en sus decisiones según la Carta Magna, supo con pelos y señales de la habilidad dilatoria de esos políticos omnipresentes en todos los ámbitos de la vida pública; de su pericia esquivando acusaciones bien encaminadas o fingidas —de compadreo—; del ingenio para ocultarse de la luz recta e imparcial y ocultar a esa misma luminaria el producto de una gestión personalizada y muy fructífera para su hacedor; de la destreza para acusar a terceros, con alevosía, premeditación y uno o varios gabinetes de eminentes letrados, de lo que a ellos se imputaba. Aunque a veces —la excepción que confirma la regla— sonaba la flauta y el tiro les salía por la culata para regocijo de adversarios confesos, periodistas, tertulianos y quiosqueros.

Los españoles que quisieron fueron conscientes durante ocho años, de 1996 a 2004, las dos legislaturas capitaneadas por José María Aznar y su PP, de la dimensión política del sistema.

"Y eso sin abrir las ventanas ni levantar las alfombras ni pasar página."

"Decepcionante."

"Apestoso, llamemos a las cosas por su nombre."

Aznar y los suyos obraron en contra de los intereses de sus votantes y a favor de los intereses de la conjunción socialista-nacionalista al adoptar esa postura condescendiente que encerraba un acuerdo con el vértice en la cumbre institucional y la base en el laberinto subterráneo donde se estancan las acciones, las omisiones, los elementos y los registros.

—Resultaba incomprensible a los profanos de la política la actitud del PP dando carpetazo a la gestión pasada alegando que lo importante era conciliar a los españoles en el proyecto común sin echar la vista atrás ni responder a las preguntas que muchos nos hacíamos, sabedores por analogía de las respuestas.

—Esa novedosa afinidad entre los políticos despertaba cautelas de futuro en los criterios independientes. Se destinaba a los tribunales una tarea que aun siendo la correspondiente al poder judicial, recaía en las piezas introducidas por la hegemonía política, suprema instancia de arbitraje y concierto. El Fiscal General del Estado era la batuta y la Fiscalía anticorrupción el atril. Las designaciones políticas jalonaban el itinerario procesal.

La esperanza de una regeneración en la política española quedó fulminada pronto. La sombra del llamado "felipismo" —qué más da el nombre cuando lo relevante son las pautas de conducta— era ancha, alargada y perenne, a la par que la penetración nacionalista. El Estado seguía componiendo una estructura desmesurada, plagada de funcionarios adscritos a la discrecional del mandante, insostenible a corto plazo pese a la reiterada y tendenciosa propaganda oficialista alabando las bondades de la descentralización, del federalismo, de la confederación, de la soberanía compartida, del independentismo, dependiendo del origen y los destinatarios del mensaje; mientras la Nación sucumbía al embate de sus enemigos.

"La Nación es un concepto discutido y discutible."

"No anticipes acontecimientos ni frases de diseño, camarada. Todavía no hemos concebido el plan de acoso y derribo para que sea plenamente eficaz."

"Pues venga, al tajo. Que como estos saquen las castañas del fuego el pueblo los bendice y tienen cuerda para rato."

"Vale. Pero recuerda que lo bien hecho, bien parece; y a oscuras el trabajo es lento y dificultoso."

El concepto nacional era indiscutido y determinante para los nacionalistas apoyados por el socialismo hegemónico. Que nadie osara ya fuera desde la cultura ya desde el sentimiento cuestionar, contradecir o invalidar los postulados nacionalistas respecto a sus territorios, derechos históricos incluidos, y respecto a España, calificada como cualquier cosa menos nación o patria. Lo único puesto en tela de juicio en España era España; lo único que molestaba a los ingenieros de la remodelación estatal, por interferir en las realizaciones, era el sentimiento nacional todavía presente en millones de españoles, que sin vanagloriarse inventando episodios remotos o agravios aquí y ahora, a diferencia de los nacionalistas y secesionistas, sí lo esgrimían cuando la ocasión multitudinaria terciaba y en las conversaciones presididas por la simpatía.

Asombraba al observador casual y, en lógica mayor medida, al estudioso de la verdadera historia, la insistencia sobre el concepto nacional, exclusivo y excluyente, de las formaciones políticas proclamadas nacionalistas con representación parlamentaria. Ellas, a coro o destacando el acento en previa exposición, espoleadas por el cambio de gobierno —no fuera que los dirigentes del PP convergieran en deseo e identificación con la mayoría de sus votantes—, acudían a diario a la cita con los medios para recalcar lo que pensaban y sentían, viniera o no a cuento, apostillando que el camino emprendido no tenía retorno. Catalanes (y sus asimilados en Aragón, Valencia y Baleares), vascos (y navarros fundidos en la patria vasca), gallegos, canarios y andaluces (diseminados por toda España, proclives a la autodeterminación de los pueblos oprimidos por el yugo fascista español), proclamaban alto y fuerte que de nación española nada de nada; que España, siendo generosos, podía definirse como un Estado plurinacional en vía de reforma para su catarsis definitiva.

Al observador curioso por naturaleza y al estudioso imparcial de la historia verazmente documentada, provocaba estupor el agresivo posicionamiento de quienes reivindicando una memoria alterada, descalificaban los argumentos, cuando por ventura alguien los pronunciaba, opuestos a sus exigencias. El intelecto debía transigir con la carga ideológica teledirigida, mirando para otra parte y callar o precipitarse en el coliseo a merced de las fieras. En suma y abreviando, en la todavía España, con los límites seculares establecidos, territorios como Castilla, Asturias, Aragón, Valencia, Murcia o Baleares, reinos antiguos, quedaban desposeídos de categoría nacional. Si esto ya escocía en la década de los ochenta, a mediados de los noventa supuraba. Pero por la herida nadie respiraba con los arrestos suficientes para romper el mapa o para fijarlo con trazo indeleble.

Luego, al correr de los años incrementado, vendría el desprecio a las víctimas del terrorismo por ser otro gran obstáculo para los planes de demolición de la memoria, la dignidad y la justicia.

En 1997 los españoles apreciaron que la crisis tocaba a su fin y, por consiguiente, la recuperación económica comenzaba con ganas de consolidarse, una alegría, y que el mundo es de los listos, tomado el adjetivo en su peor acepción; un pesar.

Los estertores de la UCD sonaron a deserción más que a finiquito, aquello de ¡sálvese quien pueda!; ¡esto se hunde!; ¿cuál es la próxima parada?; no, si ya lo decía yo; ¡a mí no me pilla el toro con el pie cambiado! Algo similar, quizá, por matizar, con resonancia hueca, sucedía en las filas socialistas al embarrancar la nave en una playa solitaria de arenas gríseas y tufo a pudridero. La dulce derrota sonreída por Felipe González a las cámaras, al comité federal del PSOE y a sus acólitos —"qué peso me he quitado de encima", nunca dijo—, tornaba en espantada con el jefe a la cabeza, raudo como una centella en pos del burladero. Los que pudieron seguir la estela de la permanencia, por otros iniciada años atrás, fiaron su destino a la compensación pactada a priori. Los consejos de administración de empresas privadas y públicas, las organizaciones no gubernamentales —proliferando como churros—, las fundaciones —que no les andaban a la zaga— y las organizaciones internacionales con presencia española, recibieron nombres de la política que a su vez reconocieron a sus antecesores en los cargos, al margen de las siglas, en las salas de juntas, los hoteles y los restaurantes de las ciudades designadas para la continuidad del ejercicio político. La fraternidad postgobierno de los colocados mostraba en el entorno protector del negocio saciado más ternura que odio, muchos más abrazos que filosos puñales.

España sirve para un barrido y para un fregado, a sus amigos y a sus enemigos con idéntica solicitud. La versátil España unifica el amor y el odio hacia su esencia, permitiendo que el baile en su honor y la trama que la mortifica y disuelve se celebren el mismo día, hora y lugar, con el mismo agasajo y repartido protagonismo en el puente de mando.

"Cabemos todos."

"Sobran la mitad."

"Yo no quiero estar."

"Yo no quiero que estés."

El capitán dirige la nave memorizada la carta de navegación, ejerciendo de timonel —porque a veces no conviene fiarse ni de la propia sombra—, su mirada en la convergencia de las suposiciones —estampa del héroe que rige en sus actos—, silencioso, imperturbable. Alrededor de la figura enhiesta, desafiante aunque menuda, la oficialidad labora en la advertencia de fondos rocosos, bajíos traidores, arrecifes punzantes, barreras improvisadas y escollos dispersos; señalan en todas direcciones, anotan en el cuaderno de bitácora, acusan de la manera pertinente la posición, el desplazamiento y los posibles efectos para la travesía; un equipo seleccionado y eficiente en la obediencia, que es el principal requisito impuesto por quien ostenta los entorchados.

La suficiencia de José María Aznar, fuera aparente o creída, restaba importancia a los copiosos avisos de peligro indefinido y dificultad por meteoros e infiltraciones desde que zarpara la nave. Su precaución en las maniobras se daba tan por supuesta como la habilidad en la interpretación de los comunicados y la pericia al elegir la ruta. "Vamos bien", anunciaba por megafonía sin desviar su atención de los objetivos marcados. "Primero a solucionar el asunto económico; luego será el turno de España", dejó sentado para evitar que llegaran a sus oídos con una frecuencia irreverente dimes y diretes, sugerencias de asesores de segundo nivel y proposiciones ajenas —e incluso beligerantes— a la política de pactos y negociaciones.

"Así se gobierna."

"Aznar, tú eres el más grande."

Pasodoble, montera y capote de grana y oro; el albero encendido con rayos de ilusión; aire limpio, fresco.

Los jueces a su imparcial tarea, sentenciando a los delincuentes convictos y a los confesos: ministros, directores generales, administradores y funcionarios de partido; anunciaron que nadie iba a situarse por encima de la ley.

"¿Ni siquiera los terroristas y sus partidarios o justificadores en línea oportunista?"

"¿Tampoco los políticos de gobierno y oposición o sus asesores? ¿Tampoco los amigos del poder, a su vez poderosos, gentes de las finanzas con raíces en la inmunidad y tentáculos en la impunidad? ¿Tampoco la jefatura del Estado y múltiple parentela?"

Restaurar la confianza en las Instituciones era tarea algo más sencilla que la de resucitar la confianza en los nombres y en los cargos. Aún la monarquía, a partir de la figura del rey, conservaba prestigio y ascendiente en el pueblo, al igual que las Fuerzas y Cuerpos de Seguridad del Estado; lo que significaba que todo aquello relacionado con el mantenimiento de la unidad nacional, la defensa de España y la protección de las personas y sus bienes gozaba del favor de los españoles. Al PP en su conjunto se le exigía lo que a muchos votantes pasó desapercibido o fue adrede ignorado, por causas varias —incluido el miedo— que sería largo enumerar, durante los gobiernos socialistas. Tal fue así que hasta la banda terrorista ETA forzó un órdago criminal, cómo no, con el secuestro de Miguel Ángel Blanco Garrido. O se les concedía su petición o asesinaban al concejal del PP en cuarenta y ocho horas. Una macabra película con título de leyenda, *dos hombres y un destino*, vivimos los españoles en esas aciagas jornadas de julio; un episodio que las conciencias jamás olvidarán.

Los etarras, llevando siempre aparejado a su amplio entorno, practicaban la socialización del sufrimiento; lo cual a nadie extraña pues declarados socialistas no podía ser otra su conducta en la actividad que los define. La Guardia Civil desbarató el secuestro del funcionario de prisiones José Antonio Ortega Lara, quien tras la friolera de 532 días retenido en un habitáculo infrahumano, asido a un hilo de color verde esperanza recuperó la vida y supo del cariño de millones de españoles que pensaban a diario en el terrible cautiverio —todos los secuestros son terribles, pero el de Ortega Lara superó el horror de lo imaginable— rezando por su liberación. El odio, la saña patológica y la venganza del cobarde frustrado, mezclados los ingredientes ante la derrota de su estrategia, provocaron el asesinato de Miguel Ángel Blanco Garrido; hubiera podido ser cualquiera sin escolta el elegido para satisfacer el ansia de las alimañas, pero le tocó a él y la muerte obtuvo presa al fin.

Los españoles salieron a la calle en masa para impedir con su presencia y su angustia la ejecución de la sentencia, arrogada esa potestad por los criminales. No cedió el gobierno al chantaje, ni la familia suplicó ese imposible favor; Policía y Guardia Civil rastrearon el mundo probable a la par que el servicio de Inteligencia forzaba a sus agentes para encontrar a los protagonistas del drama y su paradero. Rezos estremecidos y ruegos susurrados en las personas de bien suplicando la salvación del condenado. Los partidos políticos escenificaron una solidaridad entre ellos y con el pueblo que duró un atisbo.

"¡A quién van a engañar a estas alturas!"

"El dolor y el desespero unen, pero el miedo y la ambición separan."

—Un espejismo al que los españoles asistimos perplejos y encorajinados.

—Una pena que los españoles compartimos los días siguientes al asesinato.

Las formaciones políticas nacionalistas e independentistas —intensificada momentáneamente la frontera— agazaparon su habitual pose distintiva ante el estallido solidario y nacional. Aquello les infundió respeto, todo un logro; pero acto seguido, enterrado el cadáver de Miguel Ángel Blanco Garrido y aminorada la rabia sentimental del pueblo llano, la movilización por el execrable atentado les conminó a fortalecerse dentro de la estructura del Estado jugando a cuantas bandas les vinieran al pelo; sus escaños y su influencia decidían.

"Qué triste. Como si no hubiera pasado nada."

"Nada sustancial para cambiar el fondo o la forma de lo que se es. Qué obvia es la realidad."

Tan obvia como la integración en la estructura militar de la OTAN. Los paripés socialistas para hacer ver lo que no era y viceversa con relación a la organización militar aliada de Occidente, mantuvieron una situación de espera para que, como en tantas otras cosas, cargara con el mochuelo el gobierno entrante. El asunto quedó zanjado sin demasiado ruido, pues los pacifistas de la progresía, afines a los postulados de una fantasmagórica Internacional socialista —"ya os advertí que echaríamos de menos el muro"—, y el resto de los mortales aceptaron lo que estaba acordado en las reuniones a puerta cerrada del traspaso de poderes. El gobierno reflotaba la nave —para eso se le votó, recuérdese—; la incorporación a la unión monetaria, prevista para 1999, era posible; el desempleo provocaba inquietud, cierto, pero se divisaba la reversión de la lacra a corto plazo. Buenas expectativas para el mañana, estabilidad social, tranquilidad en los frentes.

Una balsa de aceite era la sede central del PP. La maquinaria gubernamental funcionaba a pleno rendimiento y el grupo de apoyo —distante de la mayoría absoluta, pero afianzado por los satisfechos nacionalistas con número dirimente en el Congreso y el Senado— circundaba con hechos la silente labor del Gobierno. Qué diferencia con la actividad propagandística del socialismo hegemónico allá donde soltara la voz y los gestos.

Aznar era un hombre parco en muestras que a veces son necesarias para convocar y convencer, desde la verdad, desde el fingimiento o desde la mentira; y como el líder predicaba con el ejemplo, siendo incontestable por los resultados, que es lo que cuenta, nadie en la estructura del partido discordaba de él a tiro de chivato y filtración. Viento en popa y hoja de ruta plastificada.

"Cumpliremos los requisitos para el euro."

"A ver si al cabo nos entra la nostalgia y pedimos el retorno de la peseta."

"¡Agorero!"

"La devolución del telón de acero y de la moneda nacional... Interesante presciencia."

"¡Aguafiestas!"

"Me limito a dejarlo caer. Hombre precavido vale por dos."

"¡Vate loco!"

"La veteranía es un grado."

Lecciones da la historia a los alumnos aplicados que el futuro convertirá en maestros (y la política en banqueros, diplomáticos, asesores de alta gama, alcaldes, ministros, presidentes de lo apetecido y propietarios de cuentas e inmuebles por doquier con el nombre permutado).

El presente ya obraba con esmero para que los José Bono Martínez (hijo pródigo de la derecha votante del centrista PP y experto bandeando las propias acciones y omisiones), Alfredo Pérez Rubalcaba (el comodín y portavoz socialista que soñaba con la secretaría general, la presidencia y el trono), María Teresa Fernández de la Vega (independiente de izquierda, hija del Movimiento Nacional, con amarra, garfio y ventosa en el PSOE), Pedro Solbes Mira (especia keynesiana multiuso que arruina lo que toca sin merma de su hacienda ni acomodo para sus tragaderas), Alfonso Guerra González (árbitro recusado por la decencia), Celia Villalobos Talero (la ambivalencia folclórica y consorte), José Joaquín Almunia Amann (conductor de fracasos domésticos revalidado por el favor político en arúspice trasnacional calificador de Estados y gobernantes en línea ideológica opuesta), Javier Arenas Bocanegra (altorrelieve y bajorrelieve del escalafón político en todas sus latitudes), Josep Antoni Durán i Lleida (oráculo receptor de dádivas y lisonjas, emisor de preces y equilibrios, ajeno a sus propias palabras) o Alberto Ruiz-Gallardón Jiménez (hijo predilecto de la izquierda votante de la izquierda, varón mimado de las siglas que lo incluyen para el cargo que sea).

Corría una sensación agradable por el tejido social, alejadas las penurias y las inclemencias de la etapa anterior. Con la facilidad que destila el instinto, el pueblo español autóctono o acogido sin distinción de procedencia para acelerar la edificación del bienestar, nadaba sin guardar la ropa y comía del plato y de las tajadas. Un mundo feliz alboreaba tras los cristales del hogar ventilado.

"Me gusta más la prosperidad que el progreso."

"¡Dónde vas a parar! Yo también escojo la práctica a la teoría."

La guinda del proceso reconstituyente la puso la banda terrorista ETA con su periódico comunicado declarando una tregua indefinida —a la manera terrorista, prolongada menos de un año y medio—; anuncio que modificó la agenda gubernamental porque la noticia reclamaba protagonismo político inmediato y primeras planas. José María Aznar llegó a creer que durante su mandato sonaría la marcha fúnebre para la ETA; puede que Felipe González también lo considerara en algún momento, pero, astuto él y por si acaso remoloneaba el adversario, quiso acelerar el desenlace con una estrategia que resultó fallida aunque no inculpatoria a nivel de testa. A la cárcel fueron José Barrionuevo (ministro) y Rafael Vera (director general), la cima de los imputados; y a las puertas de la cárcel abrazaron la desdicha de los compañeros el número uno y sus adláteres, encantados de sortear ese agujero en sus carreras políticas.

"Poco tiempo pasaron los condenados en prisión."

"Es que el PP fue generoso."

"Igualito que los otros. Apañaron un indulto que lavaba y secaba las manos de los activos y los pasivos."

"Quien nace tonto tropieza un montón de veces en la misma piedra."

El abogado del Estado, empresario, banquero y tanteador de la política con finalidad de ingreso previo desalojo de los inquilinos, Mario Conde, no recibió el mismo trato que los políticos con marca homologada; hubo consenso entre los poderes fácticos para hacerle pagar el principal y los intereses por el delito y por la osadía. Otros implicados en manejos y ambiciones similares obtuvieron unas licencias que suavizaron la estancia a la sombra con sombrilla y sombreado floral, pase de pernota y elusión adquirida a instancia de la autoridad competente; disimulo incluido por si los descarriados periodistas de investigación contaban improcedencias y elucubraciones de mal digerir.

"Es que hay cosas que ni con vaselina entran."

"Al principio; que luego, además de introducirse por el canal angosto, salen, crecen y se reproducen en el hábitat adecuado."

"¿No mueren?"

"Sólo se transforman."

"Recuerdo."

Nadie da una puntada sin hilo. El instrumento terrorista de la negociación, sempiterno y horadante, presidía los acuerdos de Estella (pacto de Lizarra). Los habituales en las componendas, recolectores de la siembra criminal, tomaron asiento a la mesa donde capuchas, máscaras y poses, conciliaban objetivos intermedios en aras a la prefiguración del ansiado fin de la actividad terrorista al menos en unos territorios concretos. Ni vencedores ni vencidos, susurraban las filtraciones; un triunfo de la política, ese arte de lo posible sin escrúpulos. Por mucho que sectores de la población española exigieran el cese definitivo e incondicional del terror, con una condena explícita del mismo, un sincero arrepentimiento de los criminales y el pedir perdón a las víctimas en público y a cara descubierta, el entramado político-terrorista echaba balones fuera al tratar esos temas centrando la atención informativa y el interés general en la cercanía del fin de la ETA, en la buena disposición para el acuerdo y en la reciprocidad debida por parte gubernamental, y de todo quisqui de grado o por fuerza, ante la muestra voluntariosa; una evidencia incuestionable, un esfuerzo digno de encomio y merecedor de noble justicia, al decir de los portavoces de la negociación.

Para José María Aznar y su equipo de asesores y políticos lo prioritario era solucionar aquello concerniente a la economía, el sistema de protección social y el problema del crédito a particulares y empresas; asuntos que desvelan al contribuyente y en otra medida al ciudadano perceptor de la generosidad del Estado del bienestar. Tarde o temprano el invento acabaría consumido por un apetito voraz, demasiadas bocas pidiendo —exigiendo a mandíbula batiente— y cada vez menos manos —o insuficientes para cubrir todas las necesidades que satisface el dinero gestionado por el sector público— aportando el diario suministro a la comunidad.
"¿A las comunidades autónomas? Esas insaciables devoradoras de recursos, esas prolíficas generadoras de lactantes apegados a la ubre sin propósito de enmienda."
"Yo hablo del conjunto, no de sus controvertidas partes que no sueltan la pieza si no es por una mayor. Me tienen escamado."
"A mí me tienen muy mosca. Aún queda trecho para que la valentía y el sentido común diagnostiquen la atrofia desde el cuerpo insano. Confiemos en Europa (suspiro)."
"¿Con carácter irreversible? ¿Habrá antídoto para el español de a pie?"
El rugido de la tormenta sonaba lejano, ora romántico ora devastador, pero audible en el espíritu de una resistencia silenciada por la artera palabrería de los clanes. A cada denuncia y a cada comentario, a los que costaba un mundo

atravesar la música de la distracción, se oponían atronadoras cien réplicas y mil descalificaciones surgidas de la gran barrera política custodiada al milímetro. David aplastado por Goliat, estampitas de venta en los Organismos autorizados al módico precio de una nación.

La imagen crepuscular de España recortada en el horizonte encogía el ánimo de los observadores proscritos en sus atalayas y opiniones.

"¿Dónde iremos a parar?"

"¿Adónde hemos llegado?"

"¿Qué será de nosotros?"

"¿Qué será de ella? (en sordina)."

La racionalidad en el gasto público empezaba a tener partidarios, a pesar de las mordazas acompañadas de improperios y más a los discordantes con el sistema de atribuciones y retribuciones. Había que acotar el despilfarro y el latrocinio para garantizar la viabilidad del sistema y su plétora asalariada.

"Puro egoísmo."

"A lo fácil se acostumbra cualquiera."

Un mecanismo eficiente para la defensa social, el saneamiento de las arcas estatales y la excarcelación de los patrimonios personales —únicamente posible cuando el liberalismo se impone al socialismo— es la persecución del corrupto y, en consecuencia, su captura y la de lo apropiado-sustraído-evadido infligiéndole el castigo legal, la dolorosa multa y el ulcerante trago de ver como cambia la titularidad de esos bienes y esas cuentas. Era posible revertir la enfermedad a un estadio tolerable, pero había dudas fundadas acerca de la acción de la justicia respecto a

los defraudadores y demás delincuentes de blanco en cuello y guantes, aunque se les incoara sumario o aparecieran
a las puertas del tribunal compungidos o retadores.

"Un visto y no visto. Por allí entran y por allá salen."

"Una excusa tras otra para que la cosa siga igual o varíe
poco."

"La experiencia hace al hombre escéptico."

Visos de lucha contra el fraude fiscal penetraron la escena política junto a indicios de trato con la facción política de los terroristas. Los defraudadores presentan un perfil característico, admirado por la humana envidia sin que
ello presuma un ejemplo para el común de los mortales,
pues hay que contar con ciertas, digamos, habilidades, con
ciertos, digamos, asideros, muy firmes ellos, si se quiere
evitar el "caminito de Jerez". Los terroristas mostraban
con meridiana claridad su anverso y su reverso, criminales
ambos, denostados por la gente de bien, pero con trascendencia en las decisiones que sobre ellos toman las autoridades ejecutiva, legislativa y judicial; de algunos actos se
deduce que el miedo es libre y la política una farsa —con
ánimo de engaño y de injuria— que encubre la realidad
con un reflejo distorsionado de consumo al por mayor.

En febrero de 1999, el Gobierno de España decide indemnizar a todas las víctimas del terrorismo aunque los
autores de los delitos no hubieran sido detenidos o juzgados por los tribunales; aplauso. En septiembre del año en
curso, el Gobierno anuncia el acercamiento a cárceles próximas a los lugares de origen de un número superior al
centenar de terroristas; abucheo. En noviembre, la banda
terrorista ETA da por finalizada su tregua —otra tregua
trampa.

"No me sorprende."

"De esa gentuza y su mundo espero lo peor."

Vuelta a los atentados en enero del 2000 y la negación de su condena por el aglomerado político al servicio del terror. Escenificación de ruptura de los firmantes del *Pacto de Estella* —qué remedio—, enfado de la ETA, bronca de sus portavoces, cruce de acusaciones disparadas a lo largo y a lo ancho pero entre paréntesis, con dirección asistida y golpeo en las puertas de las sedes del poder, punto y coma; nada nuevo bajo el sol que más calienta.

—Con el transcurso del tiempo, habiéndolas visto de todos los colores en todas las siglas con representación parlamentaria, nos huronea la pregunta al ser la nuestra una naturaleza curiosa: ¿qué esperan los españoles del mundo en teórica oposición a ese ámbito criminógeno localizado, activo y elocuente? La cacareada democracia, vendida por sus promotores como la panacea social, derivada por conducto interno en un sistema de partidos, no suple la inteligencia ni, a su pesar, deforma tanto el cuadro que imposibilita la certera interpretación. La esperanza tiene un límite.

—Parecido al de la credulidad. Es un límite adaptable, alongado a extremo y voluntario por férrea determinación. Un límite renovado automáticamente, exento de fiscalización, inmune e impune.

El fisco y la fiscalidad amargan con su perseverancia en la época de vacas flacas, apretando el cinturón a la cintura oprimida; y sin mudanza en el hábito también en el periodo bonancible remanecido tras la tempestad. Los españoles con el ojo avizor y el bolsillo dañado elevaron protestas con fundamento, desde el murmullo al clamor vecinal, originadas en el agravio comparativo por unos regímenes fiscales exclusivos para navarros y vascos canalizados a través de las denominadas haciendas forales. Las peregrinas justificaciones y las vagas excusas concluidas en epígrafes de historia traída por los pelos librada de cotejo, juicio y veredicto, alentaban el caudal de las reclamaciones aunque de manera comedida por las muchas trabas de sesgo político introducidas por la dinámica política en curso.

"Lo que yo digo: el terrorismo es útil."

"En operaciones a plazo en la renta fija o la variable. Números cantan."

Las Comunidades Autónomas —otrora regiones— adscritas al régimen general lindantes con las del cupo y el concierto perdían empresas, negocios, emprendedores, asalariados y créditos; o sea, ganaban desempleo, establecimientos vacíos, malestar, deudas y, todo hay que decirlo, población flotante con vivienda de uso estacional o permanente dada la peligrosidad de algunas profesiones —liberales o insertas en la función pública— ejercidas en territorio hostil —activada la hostilidad desde los organismos y las instituciones propios—; un alivio económico que por restringido no era suficiente para compensar la resta.

La peculiaridad insular de Baleares y Canarias no suscitaba una polémica agria en las mesas de debate nacionales: son lo que son y están donde están; zanjada la cuestión.

"No nos desviemos del tema."

"¿Volvemos a la carga con Gibraltar?"

"Más adelante."

El recurso a la instancia europea sirvió de poco, o nada en la práctica, a los demandantes de la igualdad de oportunidades y de la igualdad de los ciudadanos ante la ley; pues una sentencia sin efecto es papel mojado. Escaldados con el agua fría, los afectados por la implantación de las vacaciones fiscales —una de las utilidades del terrorismo—, huyen como de la peste de las deliberaciones políticas del Tribunal Constitucional, siempre proclives a dar la razón y la custodia a los intereses de las ramificaciones nacionalistas y, en general, a todo aquello que socave la nación española. Otro fruto de la Transición, podrido y gravoso, con mensaje en el código de barras: al que le pique que se rasque y al que le disguste que se largue.

La victoria por mayoría absoluta en las elecciones generales del año 2000 convalidaba la gestión del PP y, por llevar las riendas del gobierno y del partido, a su presidente. El impacto del resultado en la oposición de izquierda y los nacionalistas fue notorio, un auténtico mazazo —desaprovechado por la pacata hueste popular, feliz con sus cargos de confianza y sus puestos remunerados—, que trastocó el mapa político dentro y fuera de las Cámaras y tuvo un fehaciente reflejo en el modo silencioso de encajar la derrota y la pérdida de influencia social y medios de pago para la recluta y compra de voluntades.

José María Aznar, poco fiado al criterio lisonjero de la calle, que aventuraba un triunfo holgado para el partido en el gobierno, se supo triunfador cuando socialistas y comunistas sellaron un pacto electoral e ideológico que lejos de reportar adeptos espantó a los potenciales votantes socialdemócratas y centristas al pairo. La táctica unionista del puño y las herramientas bordadas en tela roja fracasó en todos los frentes, de ahí las purgas y sucesiones en las jefaturas de los afectados por la confirmación democrática de la ciudadanía.

En las sedes socialistas se evaluaba el descalabro antes de proceder a la tala de pescuezos.

"Los que tengan padrino o agraden a Felipe, facturados hacia Bruselas; el resto al cadalso."

"La democracia es un arma de doble filo. Los votos nos han cortado las alas. Esto no pasa en Cuba."

"Es que el sistema falla por la base. Hay que discriminar los votos; sólo son buenos los que nos dan el ordeno y mando."

Una legislatura con mayoría absoluta era un sueño para el votante de derecha y se supone que la aspiración de los dirigentes, cargos electos y asesores del PP. Por fin el programa electoral podía realizarse de la cruz a la raya. Un ambicioso plan de gobierno que buscaba la estructuración solidaria y estable de los recursos nacionales en el apartado interior y la proyección internacional de España a cotas ejecutivas; unos objetivos lógicos y demandados por los españoles que habían hecho esa apuesta al depositar su voto en las urnas.

Ya que soñar no cuesta dinero y es gratificante, esos mismos españoles contemplaban con los ojos muy abiertos un panorama despejado de casi todas las incógnitas y malas hierbas, abundantes unas y otras en el solar hispano; una bonanza temida por la oposición.

"Esto no puede ser. Qué desastre."

"Ya no somos ni muchos ni necesarios. Qué fatalidad."

Las siglas penalizadas en las elecciones generales del 2000, unificadas por una atávica inercia contra el sentimiento nacional español, tenían que encontrar el remedio infalible durante la legislatura para desbancar del Gobierno al PP de Aznar o dentro de cuatro años el Plan Hidrológico Nacional y la Ley de Calidad en la Enseñanza vertebrarían España aportando preciosas fuentes de riqueza para un futuro común; además —y eso, al imaginarlo, aumentaba la producción de escalofríos y pesadillas—, la memoria colectiva podía desviarse de la dirección única trazada a partir de la Transición para retomar caminos de recuerdo inconveniente, España volvería a pisar con garbo asentando sus reales en los foros donde se pincha y se corta; y una generación de políticos, funcionarios de partido, nacida para vivir de la política, vería truncado su halagüeño porvenir y la espléndida jubilación de sus progenitores sería una quimera como la de la fiebre del oro.

La pérdida de influencia social y económica de socialistas y nacionalistas, los primeros también desprestigiados, les obligaba a tomar iniciativas que contrarrestaran la reciente y democrática de los españoles. Pese al revés electoral, seguían contando unos y otros con un potente aparato de comunicación y unas cabezas pensantes óptimas para idear el operativo que revirtiera la situación.

"Manos a la obra."

La obra muerta —a flote, a la vista— se ajustaba a una apariencia y la viva —sumergida— con la determinante. Había que mantener tensos y en secreto los hilos que descienden a las profundidades, toda ayuda es poca cuando se persigue tan gran empresa; a la par que las sonrisas afables, las ofertas de diálogo permanente y las actitudes comedidas, eran los embajadores del estilo acuñado para la infiltración tolerada y la reconquista.

"Este es nuestro hombre."

"Nuestro hombre y nuestra mujer."

El trigésimo quinto Congreso Federal del Partido Socialista Obrero Español eligió como su secretario general a

José Luis Rodríguez Zapatero rechazando a José Bono (las otras dos candidatas fueron irrelevantes en el recuento de votos y partidarios), que se creía ganador; el choque de vanidades y la adnata promesa de servir con absoluta lealtad a sus valedores catalanes y andaluces, tumbó al manchego en la sucia lona del cuadrilátero. Rodríguez Zapatero encarnaba a la perfección el prototipo de funcionario de partido, elemento integrado en el aparato desde que ello fue posible, un veterano parlamentario en el Congreso de los Diputados cuyo mérito constatado durante años fue la actitud silente en público y la obediencia a sus mentores en privado. El PSOE preparaba su acceso, quizá definitivo, a los poderes del Estado en vigor —no obstante debilitados— y la travesía hacia el federalismo confederado o la confederación federada o la asimetría de diseño —práctica del embudo—, postulada por los nacionalismos y los secesionistas con paciencia y amplia bolsa.

Los socialistas habían encontrado en sus filas la antítesis de Aznar y se felicitaban por ello.

"Este tío es simpático, es cordial, es tolerante, es alto y tiene los ojos azules. Es un primor."

"¿Es inteligente? ¿Es un estadista? ¿Es algo más que un títere? ¿Es un revolucionario de gustos caros? ¿Es sólo fachada, pose, imagen ante la cámara y voz engolada?"

Era el candidato de los socialistas catalanes —independizados de las siglas PSOE— y su reflujo andaluz.

"Es un político atractivo. Me recuerda a Felipe González."

"O sea que habla mucho pero no dice nada."

Una vez izado a la jefatura del Gobierno tras los sucesos entre el 11 y el 14 de marzo de 2004, José Luis Rodríguez Zapatero se dibujó en la revista *Marie Claire* como un hombre radical, laicista, talentoso y agradable. También lo hizo de manera similar en el periódico *New York Times* y en el semanario *Time*.

"Rojo, feminista y utópico; dijo de sí mismo. Sin duda una declaración de principios."

"De intenciones, en realidad. Lo que guía a Zapatero y los suyos son los objetivos. En su caso, la nación, los principios y los valores son conceptos discutidos, discutibles y desechables salvo opinión contraria de sus mentores."

"¿Dijo de él en las entrevistas que es asequible a todas las especies animales, vegetales y minerales y que Aznar, en cambio, es un déspota de carácter agrio, petulante y narcisista?"

"Por aquel entonces, me parece que Rodríguez Zapatero se burlaba de Aznar cuando anunció que no iba a superar las dos legislaturas al frente del Ejecutivo."

Pocos creyeron aquella promesa que paradójicamente sonaba electoralista. Tampoco eran muchos al paso del tiempo los que asentían a las declaraciones de los políticos nacionalistas albergando esperanzas de paz duradera o confiaban en los comunicados de los terroristas. Pero sí eran suficientes para mantener el sistema político los crédulos votantes y los adeptos que siguen a pie juntillas las consignas de los partidos y las coaliciones.

"Y las estrategias."

"Cual palmeros o puntas de lanza."

La iniciativa socialista de proponer al Gobierno un pacto antiterrorista y de defensa de las libertades granjeó popularidad y protagonismo al flamante secretario general del PSOE. Javier Arenas, secretario general del PP y Rodríguez Zapatero estamparon su firma en el aclamado documento, siendo testigos a dos metros por detrás de la mesa y los asientos Jaime Mayor Oreja, ministro del Interior y José María Aznar.

Curioso el cuadro. Al asumir la responsabilidad del ministerio del Interior, Mayor Oreja había desautorizado los contactos entre la dirección de la ETA y los enviados del ministerio en la última etapa socialista; en ese momento, mientras los secretarios generales del PP y el PSOE firmaban el pacto contra los terroristas con luz y taquígrafos, la cúpula socialista prodigaba los tanteos, las conversaciones y la negociación con el mundo etarra.

"Era previsible."

"Los escépticos ven con claridad y anticipación, a diferencia de los miopes y los ingenuos."

Previsible o no, la banda terrorista decidió asesinar al socialista catalán Ernest Lluch, ex ministro y ex Rector de la Universidad Internacional Menéndez Pelayo. Causó asombro esta acción en círculos sociales y políticos pues no parecía un personaje expuesto a tal riesgo como lo fuera, por ejemplo, Gregorio Ordóñez, candidato del PP a la alcaldía de San Sebastián en las elecciones municipales de 1995. La reacción de las formaciones políticas de Cataluña, en especial, y la ciudadana en las calles de Barcelona dio que hablar y que pensar.

"Lo de los muertos de primera y segunda, ¿va por ahí la insinuación?"

"Y por el parlamento entrecortado de una comunicadora erigida en portavoz de los organizadores del acto."

Dio que hablar y que pensar porque a consecuencia de este asesinato —precisamente de este y no de otros o del cúmulo de atentados—, la sociedad española —en interpretación de los difusores de mensajes y noticias— pedía diálogo para acabar con el terrorismo. Un diálogo abierto, político, auspiciado por el deseo sincero de resolver el conflicto. La terminología etarra asumida por los nacionalistas ocupaba los titulares y las tertulias. En otras palabras, la sociedad española, según estos portavoces, no exigía la derrota incondicional de la ETA sino su desafección a la práctica terrorista; con ese reconocimiento se conformaba.

"Hay que acabar con el conflicto."

"Acabemos con los conflictivos y se termina el problema."

"Esa no es la solución. La democracia no puede echar gasolina al fuego."

"La verdadera democracia es el Estado de Derecho. Es un error y una barbaridad la equiparación de las víctimas con los verdugos."

Al parecer, la paz exigía el perdón y el olvido de los afectados; lo demás vendría por añadidura.

"¡Qué rentable es el terror en España!"

"Es que la gente no reacciona de igual manera en todas las ocasiones, ni siquiera ante las mismas circunstancias si la onda expansiva es un chasquido o un donativo."


## Protestas discrecionales

Tuvo que ser el PP quien diera por finalizada la historia del servicio militar obligatorio, lo que no reportó mayor popularidad al presidente del Gobierno ni tampoco un incremento sustancial de la simpatía hacia su partido. Sin buscar comparaciones que oscilan entre la categoría y la anécdota, a la postre en 1931 fueron los monárquicos —y, en general, el bloque político de derechas— quienes favorecieron el advenimiento de la II República con sus maniobras dilatorias para ir y venir de un sitio a ninguno, sus consejas susurradas, sus miedos perentorios y sus patentes desacuerdos caldo de cultivo y abono para el conglomerado de izquierdas y republicanos en balanceo; y desde 1975, para rematar la faena, con un ex secretario general del Movimiento a la cabeza, fueron los franquistas de última hornada quienes impulsaron la denominada Transición para liquidar el pasado reciente en aras a un futuro incierto que solventara las incertidumbres, beneficiando a los tradicionales artífices del expolio, el cuestionamiento y la descomposición de España; paradojas de la política al uso.

*Sic transit gloria mundi.* Así, de la noche a la mañana, un elemento deja de formar parte del paisaje para alivio de unos e inquietud de otros aquende y allende los mares.

"¿Hay *yihadistas* en el aire?"

"Con licencia de vuelo y bendición para matar."

La incredulidad parpadeaba ante los televisores. Una versión planetaria de la guerra de los mundos, que podía haber escrito y dirigido H. G. Wells, sucedía en el primer año del siglo XXI. Una, dos. Impacto y caída. Muerte y desolación. El crepúsculo de los dioses wagneriano sobrecogía a medio mundo y alborozaba a un porcentaje temible de humanos en contienda. Nueva York se cubrió de escombros, de frenesí y de pasmo a un tiempo; Washington sufrió ataques coordinados y un lugar de naturaleza apacible, apenas recordado tras el suceso, amortajó un fracasado intento de condicionamiento masivo. Una no tan nueva dimensión de la guerra sacudía los cimientos de la

libertad  y replicaba, aunque sin demasiado éxito, a las es-
túpidas tolerancias.

"Tomemos nota."

Para ser hay que estar. Para que las naciones con protagonismo en el concierto mundial contaran con España, había
que sentarse donde sus representantes a competir en plano
de igualdad —con esa predisposición en el equipo diplomático— deliberaciones, consensos y resoluciones nume-
radas en las actas.  La pertenencia a un grupo dirigente, o
en su defecto una participación por encima de lo simbólico, otorgan a esa nación un plus de legitimidad al actuar
y otro de eco al pronunciarse sobre lo acometido, incenti-
vado o negado.

José María Aznar tenía la aspiración de proyectar a España en los foros internacionales de arbitraje e imperativo
proceder; algo deseable y honroso para un Gobierno consciente de su alta misión. El fervor patriótico no es el fuerte
de la población empadronada en España, ni el de unos políticos diseminados por sus comunidades autónomas haciendo de su capa un sayo y aquí me las traigan todas y no
me pidan cuentas que en este mundo estamos de paso y a
quien Dios se la dé san Pedro se la bendiga.

"Atentos a los nombramientos en el Consejo General
del Poder Judicial y en el Tribunal Constitucional."

"Principalmente, sí. Pero también en el Tribunal de
Cuentas, en el Consejo de Estado y en los rectorados de
las Universidades."

"Si no nos conviene la configuración se negocia, se
cambia y en paz."

Eso pedía la ETA por boca de sus aledaños y asimilados: negociación a instancia de la banda y a comulgar con ruedas de molino.

—Es portentoso el refranero español; atinado, sabio consejero y docto memorialista.

—Nos queda su didáctica como aguerrido consuelo en esta hora de abandono y desconcierto.

La colaboración hispano francesa en materia antiterrorista surtía efecto, lo que además de ser condición necesaria y suficiente para desbaratar los planes criminales, suele ser el motivo principal para que los acosados por el cerco de los Cuerpos de Seguridad del Estado opten por la vía de la mesa y los documentos, por supuesto en varios frentes y con diferente intensidad lumínica en el ambiente.

Francia extraditaba a España de forma temporal a los terroristas allí capturados para que la autoridad judicial española pudiera someterlos al imperio de la ley, en espera del ingreso en prisión una vez cumplida la condena en el lugar de detención y por los delitos tipificados en el país vecino.

"Un tanto en el casillero español."

La revalorización de la marca España por esta época ayudaba a prosperar al conjunto de los españoles, fomentando el orgullo patrio y la dignidad nacional.

"Un dolor agudo para los nacionalistas y una amplia porción de la izquierda, y una quiebra para sus mitos y leyendas."

Y como no hay dos sin tres, cuando las cosas van bien y también cuando se tuercen, el pleno del Senado aprueba el Plan Hidrológico Nacional, que así culmina su tramitación parlamentaria.

"El colmo de la desdicha nacionalista."

Por primera vez en mucho tiempo, al menos en apariencia, la rentabilidad de la titulación nacionalista o secesionista perdía fuelle a marchas forzadas.

"Intolerable."

La izquierda hegemónica se predispuso aún más a sostener y expandir  la causa común con los vapuleados por la buena estrella económica, social y diplomática de España, pergeñando en comandita una oposición salteadora y tramposa que cercenara las alas del ave fénix y, a ser posible, cubriera con humo y enterrara en cenizas la obra y a sus autores; y penalizara con sutileza intermitente, pero implacable constancia, a los que se hubieran decantado por esa acción de gobierno nociva para sus objetivos.

Ajeno a tales maniobras —quizá engañado o distraído y, desde luego, confiado en exceso—, Aznar proseguía su ambiciosa y personalista tarea reformadora —machacón él con lo del centro reformista, despreciativo por ignorancia activa con los votantes de derecha, sustento insustituible del PP—, a la vez que sentaba las bases de su continuidad reduciendo el número de sucesores a los idóneos a su entender. En esa línea se sitúa el nombramiento de Mariano Rajoy, ministro de la Presidencia hasta la fecha, como ministro del Interior. La terna de cabezas de cartel en las elecciones generales de 2004 se completaría con Rodrigo Rato y Jaime Mayor Oreja.

El amigo americano echó un capote al Gobierno con su anuncio de incluir a la ETA en su lista de organizaciones terroristas internacionales. De este modo, con el aval de los Estados Unidos, la movilidad, los contactos y los refugios (mal llamados santuarios) de los etarras quedaban mermados y en trance de extinción al no ser los de una especie protegida.

"Esto va a ser la puntilla para esta gentuza."

"No sé yo… La hidra tiene varias cabezas, muchos brazos y un montón de caladeros nutricionales."

"Seamos optimistas."

Había motivos para el optimismo con relación al asedio y poda de la banda terrorista. Las noticias sobre capturas de activistas principales y liberados a sueldo y las desarticulaciones de los comandos más sangrientos, dotados y extensos, sedimentaban la confianza en un cercano fin de la ETA. El reconocimiento de la buena gente a la sacrificada labor de la Policía y la Guardia Civil, también hacia los servicios de Inteligencia del Estado y el Gobierno de turno, contrastaba con la seca omisión de aplauso en círculos políticos, sociales y económicos localizados y la amostazada fisonomía de algunos portavoces nacionalistas, incrementada la irritación al extremo ideológico en los separatistas y ortodoxos del socialismo real que al nadar entre dos aguas debían repartir la de cal y la de arena con esperpéntica diplomacia: aquello del "sí, pero", "no, pero", "hay que dar una salida política a ese mundo", "hay que acercar los presos a cárceles vascas y mostrarse humanitario con sus familias, que se aprecie la grandeza de la democracia."

La generosidad de la democracia era mayúscula para con los totalitarios de antaño, en teoría reconvertidos al parlamentarismo, y debía serlo aún más con los enemigos de la libertad de pensamiento, palabra y obra.

"Vaya por donde, además de necios caritativos."

"Y pagando la cama. ¿Por quién nos habrán tomado?"

"Por lo que uno de sí mismo ofrece y demuestra."

Descabezada la banda terrorista –de ilusión también se vive– y amputadas sus extremidades –de la misa la media–, la sociedad española repartía su contento en dos mesas: la social y la económica. Ondeaba el orgullo de ser español y medraban cosechas de toda índole en el fértil terreno nacional. Las rutas internas y externas aparecían despejadas de brumas y condicionamientos políticos derivados de la necesaria suma de escaños en las votaciones del Congreso y del Senado. Al punto los legisladores para consensuar la Ley de Partidos, un hito para instar judicialmente la ilegalización de las formaciones políticas que apoyaran el terrorismo o, siendo equivalente en la práctica, no condenaran sin ambages la violencia terrorista.

"Ahí les han dado."

"Ya veremos, que hecha la ley hecha la trampa."

"Ahí le has dado."

En la parte de la sociedad española reticente a creer por creer, se dudaba de la eficacia de cualquier texto legal si la voluntad divergía de la letra y el espíritu del legislador —suponiéndolo estricto en su cometido—, y si el reglamento abría sutiles vías de escape al acusado casi imposibilitando su inculpación con sentencia firme.

"¡Nos han dado!"

"¿Dónde está el islote Perejil?"

La España meridional, fronteriza con Marruecos, sintió la mordedura de una especie invasora. El grito de alerta resonó en las dependencias del ministerio de Defensa, el palacio de la Moncloa y el de la Zarzuela. El primo moro cruzaba la frontera con mayor propósito que el de ir de compras para luego revender en casa, visitar a la familia o emigrar con acuse de recibo una vez en destino. Esta vez el anhelo vecinal superaba las convenciones, los tiras y aflojas en la vallada línea divisoria o los intercambios culturales y de materias primas; nada de cortinas de humo ni fuegos de artificio ni condimentos para salsa, que serían excusas aceptables para la opinión pública de este lado del Mediterráneo. Las columnas de Hércules bramaron con la calculada desfachatez.

Total, pensaron allá abajo, por intentarlo; si cuela, cuela y a por la siguiente plaza.

La tradicional amistad hispano-árabe hizo aguas con este jarro de líquido frío, al que no podía responderse con un tazón de caldo gordo, que no por temido desde el fallecimiento de Franco sorprendente y de obligada solución. Como era previsible, la calle bandeaba en el parecer sobre el episodio, demandando energía al Gobierno o una pasividad acorde con el camino seguido en otros asuntos que del primer plano pasan al segundo cual deseo expreso de los poderes fácticos.

"Hay que mantener la cordura para no caer en la provocación."

"Una ocupación en toda regla es lo que es. Quien a yerro mata, a hierro muere. ¡Vamos a desalojar!"

"Nada de precipitaciones, seamos civilizados. Diálogo, diálogo y diálogo; esa es la fórmula del éxito."

"Para el enemigo, sin duda."

Demasiados intereses a preservar en el ámbito doméstico, demasiadas voces advirtiendo, exigiendo o evaluando. La gran baza de los invasores, que en realidad jugaban al tanteo, era la desunión de los políticos y la vacilación de las Instituciones, las críticas acerbas entre los poderes de puertas adentro, sus respectivas influencias en la gente de la península y Canarias y la postura de los empresarios con más que intereses económicos en el reino alauita. Los españoles humillados por la afrenta —difícil su cuantificación— contaban poco al sopesar los pros y los contras de una intervención militar reparadora del daño. Pero se produjo como mandan los cánones, con partes de guerra incluidos. La espontánea manifestación popular de júbilo al ver la enseña nacional ondeando en el islote Perejil emocionó a unos, agradó a la mayoría del pueblo llano y sobrecogió a otros; lo de siempre.

"Se han excedido."

"Nos hemos quedado cortos."

Superado el incidente con la vuelta al *statu quo ante bellum*, una paz despojada de símbolos y anécdotas envolvió el islote.

Una paz distinta a esa solicitada con denuedo por el mundo nacionalista. La resolución del llamado conflicto percutía con asiduidad programada en los oídos españoles, así como los medios, caminos, mesas y foros, para conseguir un cese definitivo de la actividad terrorista. Una paz sin vencedores ni vencidos. Una paz sin víctimas. Una paz negociada. Una paz que recogiera las aspiraciones que décadas de acciones criminales habían expuesto y cimentado a los cuatro vientos para ser satisfechas al ciento por cien.

Una paz insultante, vejatoria, para España tanto como para las víctimas del terrorismo y quienes se identificaran con ellas.

"Paz, por encima de todo; quiero yo."

"La paz de los cementerios, el rompimiento y la denigración; no va conmigo."

Eran conocidos los deseos de la ETA, pero no así, o con toda certeza, las pretensiones del grupo terrorista GRAPO. Desmembrada a cada tanto, esta organización criminal resurgía a imagen y semejanza de sus avezados maestros.

Eran conocidos los apoyos sociales y políticos de la ETA, pero no en la misma medida los pilares de sustentación del (o los) GRAPO; de ahí, probablemente, que la captura de integrantes y desarticulación de la cúpula, por ejemplo en 2002, fuera más asequible que la de sus hermanos en crimen y odio.

Mientras el Congreso de los Diputados, en sesión extraordinaria, instaba al Gobierno de España que pidiera al poder competente la ilegalización de Herri Batasuna —la matriz de la cobertura política de la ETA— por vulnerar la ley de partidos, el lehendakari Juan José Ibarretxe declaraba solemne en el Parlamento vasco el proyecto —bautizado con su apellido—, de convertir la comunidad autónoma por el presidida en un Estado libre asociado a España.
—Puerto Rico se había anticipado a ese encaje y le iba bien, pues mantenía su idioma, el español, las costumbres autóctonas, modos peculiares de convivencia caribeña y a disposición un paraguas confeccionado con barras y estrellas por si las moscas, los piratas o las turbulencias.
—"Pare" en vez de "Stop" en las señales de tráfico, respeto y cariño a la madre de adopción y honra a sus símbolos. De tomarla en serio, la falacia nacionalista causaba perplejidad. Cuesta imaginar que con tal fórmula administrativa, el separatismo vasco se daría con un canto en los dientes, besaría devoto los colores rojo y gualdo o confraternizaría entusiasta con los asociados españoles al margen de la actividad mercantil.
Mientras la Audiencia Nacional decretaba autos para impedir que los afines a la banda terrorista ETA se reunieran en sus locales, convocaran actos públicos, recibieran subvenciones o se presentaran a las elecciones, la Mesa de

las Juntas Generales de Vizcaya acordaba no disolver la formación política Bizkaiko Sozialista (antes Herri Batasuna, HB, y luego otros nombres y sendas siglas), al no encontrar fundamento jurídico en dichos autos.

Mientras la Justicia al servicio del Estado obra desde su competencia para garantizar el cumplimiento de la ley y la igualdad y seguridad de los españoles, al menos sobre el papel y de cara a la galería, el Gobierno vasco presenta en el órgano correspondiente una querella contra el juez Baltasar Garzón —la toga visible con más presencia en los medios, en los tercios y en los cuartos—, al estimar que las resoluciones dictadas por el magistrado suponen una restricción a los derechos de las gentes y los grupos para que se reúnan y manifiesten a voluntad.

"Otro conflicto a dirimir."

"Acabarán poniéndose de acuerdo, habrá un motivo; si no, al tiempo."

Malo, muy malo el tiempo en la costa de la muerte gallega. Con el mar embravecido es preferible amarrar en puerto a dejar que escampe o, con previsión y responsabilidad, buscar una ruta de bonanza aunque obligue a un retraso en la fecha de llegada.

Perfecto el motivo. El petrolero griego *Prestige* emuló al *Mar Egeo*, ya citado en esta crónica, arrasando la zona con un nuevo desastre ecológico. De inmediato emergieron las acusaciones contra el Gobierno autonómico y nacional, culpable por acción negligente y omisión dolosa del accidente del monocasco traidor y fraudulento; también la violencia inducida con horizonte en las elecciones del año siguiente y de 2004. La movilización ciudadana y la imprescindible mediática dirigidas por socialistas (in-

cluidos los comunistas) y nacionalistas (incluidos los secesionistas) fue un ensayo general de lo que supondría el
inicio de la II Guerra del Golfo, alias la Guerra de Irak.

"¡Nunca más!"

"¿Petroleros monocasco? ¿Naves corsarias? ¿Pabello-
nes de conveniencia? ¿Energías líquidas?"

"¡Nunca más el PP! ¡Nunca más la derecha española!
¡Nunca más el fascismo!"

Diáfano el mensaje emitido por los aliados nacionalso-
cialistas, ironías aparte.

Elocuente e hipócrita, por incompleto y discrecional, el
mensaje difundido por la izquierda coaligada: nacionalista, federalista y confederal, aprovechando la oportunidad de agitación y propaganda que les servía en bandeja la
invasión de Irak o Segunda Guerra del Golfo. El lema *No
a la guerra* fue coreado indefinida e intermitentemente
contra el gobierno del PP y cada uno de sus dirigentes en
sus apariciones públicas, utilizando quienes acudían a su
encuentro con premeditada concertación los micrófonos y
las cámaras como amplificadores de la consigna.

El lema *No a la guerra*, voceado y escrito en singular,
se alejaba de la doctrina pacifista para abrazar la directriz
revolucionaria. En cierta medida, puede que por la remi-
niscencia de un pasado vivido de oídas, a distancia y tami-
zado por la progresía, este lema escueto y contundente
evocaba aquel ambivalente *Stop the war*, hábil para más
de un uso.

"De esta liquidamos a Aznar y al PP para los restos."

A José María Aznar le salió muy cara la foto de las Azo-
res. Nada que ver la reacción con la producida por otras

instantáneas tomadas a mandatarios políticos antes o después.

"Pero si España no ha participado en la guerra."

La fuerza mediática del gobierno del PP era pírrica en comparación con la de sus detractores.

"Pero si el PSOE de Felipe González y Rubalcaba envió un contingente bélico a la operación *Tormenta del* desierto, que es como se conoció a la primera Guerra del Golfo. ¿Por qué entonces no se gritó contra esa guerra y contra él y su partido?"

El control social ejercido por la izquierda comandada por el PSOE tras su rescate en la Transición es tan poderoso y temido como su dominio mediático; con los cuatro ases en la manga, no hay color en el juego.

"¿El color rojo?"

"Una acuarela de colores, según el retrato a pintar."

La izquierda no iba a soltar su presa, tierna y jugosa. La diana era enorme, repartida y señalada a todas horas, apta para punterías, improperios rimados e increpaciones; un festín de tiro al blanco en una caseta de feria desvinculada del imperio de la ley.

Para vincular a los etarras al imperio de la ley, es decir, para que a los etarras de la rama política y a los de la rama ejecutora se les aplicara el código penal en su literalidad, sin eximentes por razón de credo, factor sanguíneo o respaldo sociopolítico, y se les anularan privilegios penitenciarios de salida y estancia, era preciso que el Estado de Derecho actuara a través de sus poderes incluyéndolos en la nómina de delincuentes comunes; un listado creciente desde que un furibundo océano —y no un proceloso mar de poesía épica— partiera el casco del *Prestige*, desde que el Ejército español reconquistara un territorio insular, desde que la civilización occidental —con la sempiterna reticencia francesa motivada por un caduco orgullo colonizador, la inercia dominadora de las fuentes productivas y su aparejado afán de lucro— decidiera combatir el terrorismo en sus feudos; y desde que, ineficaces los procedimientos de acoso y derribo en sus fases inicial e intermedia, los votantes revalidaran la gestión de los anteriores cargos electos en las zonas afectadas por la marea negra y en el conjunto de los municipios y comunidades autónomas en las elecciones de 2003. Pero como la matemática parlamentaria difiere de la exacta ciencia matemática, sin mayorías absolutas el PP, centrista y reformador, fue excluido de cuantos gobiernos pudo arrebatar la suma de siglas perdedoras.

"¿En la categoría de delincuentes comunes entran los dirigentes políticos que se niegan, echando mano de excusas dilatorias o meras añagazas, a acatar las sentencias de los tribunales?"

"Deberían."

"Muchos son los llamados a purgar con pena de cárcel sus culpas y pocos los elegidos para redimirlas con el apropiado castigo y un anejo presidiario."

"Prefiero que el delincuente devuelva a su legítimo dueño lo robado, lo extrañado, lo desviado, lo indebidamente apropiado, lo defraudado, lo evadido, lo sobornado y lo permutado; y, por añadidura, sea en justicia inhabilitado."

Ningún terrorista o cómplice o encubridor de terrorismo podrá devolver la vida arrancada a sus víctimas ni compensar a familiares y allegados, en esa equitativa proporción, lo sustraído, lo desgajado; cualquier pena impuesta, aunque fuera cumplida íntegramente, será inferior al mal causado.

Duele en lo más íntimo a las víctimas el desprecio de la política sectaria, esa que destila males menores, introducidos por orificios, resquicios y disposiciones transitorias, a cambio, alegan mesiánicos los justificadores, de evitar a la sociedad el mal mayor, la socialización del sufrimiento, la perpetuación del conflicto. Tal dialéctica es una variante de las amenazas, de las coacciones y de la negociación velada o desvelada, que quiere convencer a partir de la necedad ajena y de ese temor insuperable que consigue para quien lo fomenta el rendimiento óptimo de su plan.

Desvelado el nombre del elegido por José María Aznar para sucederle como candidato del partido a la presidencia del Gobierno, quizá el menos apostado por los analistas y el menos favorito para los militantes, simpatizantes y votantes del PP; una incógnita menos ante un proceso electoral caldeado a extremo de ebullición.

"¿Sabía Rajoy dónde se metía?"

"Seguro que desconocía lo que le esperaba a él y a su partido."

"En el PP estaban in albis."

"¿Gallardón también?"

Los socialistas confiaban en los enfrentamientos televisados de su líder, Rodríguez Zapatero, contra el colocado a dedo y apegado a la prudencia, Mariano Rajoy. El único inconveniente que en alguna medida podía amortiguar el brillo propagandístico de la puesta en escena del candidato del puño y la rosa —todo sonrisa, todo pose, todo caracterización de reverso—, era la corpulencia y altura del candidato popular, en cuanto al aspecto físico, y su estomagante moderación al hablar y al conducirse, bien recibida por amplios sectores del electorado afín a la izquierda.

La disputa estaba servida en los mentideros, en las capillas y en los foros de opinión y debate. Pero más que las espadas en lo alto, ilustrando la lid de los caballeros, era en los subterráneos de la sociedad y en las cloacas del Estado donde borboteaba una actividad sinónima a la nigromancia.

Si la prudencia excesiva hace timorato a su adepto, la soberbia diluye la prevención, lo que es aún peor por irremediable. A José María Aznar se le achacaba el vicio capital de la prepotencia.

"No escucha, no atiende consejos. Él se lo guisa y él se lo come."

"Lo debe tener todo muy claro y afición a la cocina."

"O unos asesores cojitrancos, aduladores de salón."

Bajo los pies de Aznar, que pisaba idéntica superficie que los miembros de su gobierno, sus compañeros de partido y el común de los españoles, el terreno era movedizo, traidor. Los malpensados se olían la tostada.

"Huele a chamusquina."

"Algo va a suceder antes de las elecciones."

Y el pálpito no indicaba que el acontecimiento fuera a tener relación con una tregua de la ETA, que aunque mentirosa siempre bien recibida, o con una noticia gratificante para la nación y sus nacionales.

Las maniobras de distracción proseguían a pie de calle, silenciando con su algarada todo sonido proveniente de la zona oscura y de los compartimentos estancos.

"Me pregunto si a los del PP se les ha ocurrido mirar debajo de las alfombras y detrás de las puertas, en los pasadizos, en los corredores, en las criptas y en el dédalo de galerías que recorren el mundo inferior."

"En 1996, durante la campaña electoral, Aznar dijo y redijo que no lo haría y que iba a pasar página para que las brumas del pasado no enturbiaran el presente y el futuro de los españoles."

"Cándido."

"U obligado."

La habilidad de los laboriosos servidores de la solución
          final (planes A, B y Z,
ideados para modificar los pronósticos de las encuestas), disfrazaba las fumarolas escapadas por las grietas de los edificios oficiales vistiéndolas de disimulo con un enjambre de eslóganes acusadores hacia el Gobierno de España, el PP, el presidente Aznar y el modoso candidato Rajoy, con gafas y barbado, distante un abismo del arte de la persuasión.

Las nubes de tormenta descargando en la periferia no inquietaban al equipo rector del PP, o eso transmitía a su potencial electorado y a los incisivos periodistas, comunicadores, portavoces y voceros que, cada cual en defensa de una marcada línea editorial o, y también, unos intereses paralelos de carácter económico, hendían y hurgaban para sonsacar verdades, medias tintas o mentiras con las que llenar páginas, carteles, audiovisuales y programas para un público adepto que decidiría a quién creer con su protesta o afirmación o indiferencia, primero, y con su voto en el momento de acudir al colegio electoral.

El mecanismo de protesta social e institucional partidista funcionaba constante y preciso; el de afirmación en pro del Gobierno y su obra, su presidente y el candidato, trompicaba entre arrancadas de caballo y paradas de burro. Pero Aznar, seguro de sí, encastillado en la torre marfileña, confiaba en la memoria de los españoles; así como sus opositores, recreando un Frente Popular de oligarquías, plutócratas y grupos de presión a la carta, confiaban en el penetrante influjo de las noticias diseñadas para que la realidad no las opacara o desmintiese.

Los socialistas —de cuño nacionalista— y los secesionistas catalanes, vencedores en las elecciones al parlamento de Cataluña celebradas en noviembre de 2003, recelosos de cualquier estrategia huérfana de su sello, concibieron un plan C en previsión de errores de cálculo "allá en Madrid", denominado *Pacto del Tinell*, consistente en una declaración eufónica, impactante al ser leída o escuchada, reivindicadora de un gobierno catalanista y de izquierda, abierta la alianza a los nacionalistas de CiU, cuya máxima era la configuración de un nuevo Estatuto que pusiera, negro sobre blanco, en plano de igualdad a Cataluña respecto de España (*sic*). Aunque tal igualdad sería en un sentido, el de Cataluña hacia España, pues el Parlamento de la Comunidad Autónoma y los diputados y senadores de Cataluña, podían —y debían— ejercer el poder de los escaños para que ninguna ley estatal o ningún político adscrito al Estado español (en sentido estricto), dispusiera de voz o voto para interferir en las resoluciones de todo tipo emanadas del Parlamento catalán.

El anejo escrito del *Pacto del Tinell*, posteriormente ampliado y rubricado con la vuelta al poder del PSOE en 2004 y sus sólidos apoyos a izquierda y derecha nacionalista, imponía la exclusión del PP (o formación política equiparable) en cualquier negociación, acuerdo o consenso; salvo para potenciar las decisiones y objetivos provenientes de la Cataluña dirigida por la fraternidad nacionalsocialista, bendecida por un gobierno similar en las intenciones y en la ideología, encajado en la alelada Villa y Corte mientras sirviera para el negocio comanditario.

El año 2004 amaneció perturbador, gestado de presagios. Las elecciones generales a la vuelta de la esquina aceleraban los preparativos de asalto y los de resistencia en las formaciones políticas y en las organizaciones sociales. La crispación en el ambiente era tanta, auspiciada y teledirigida, que por su peso caía en la rutina —las mismas caras, los mismos nombres, la huera verborrea demagógica— y al cabo en el descrédito. La cotidianidad de los españoles, a refugio de inclemencias financieras, alternaba entre desembarazarse de la opresión mediática y las coacciones callejeras o fomentar las consabidas denuncias al Gobierno por el vertido de fuel en las costas cantábricas vomitado por el quebradizo *Prestige*, la antipatía y el despotismo de Aznar al conducirse —"un enemigo del pueblo"— y la guerra de Irak, guinda de la campaña orquestada por la oposición socialista; denuncias extendidas al conjunto del Partido Popular —con fisuras evidentes en la hasta entonces granítica estructura.

Las trastiendas de arriba y de abajo no andaban a la zaga en actividad de signo parejo. Aprovechando el hormigueo de ruidos y destellos a ras de calle, al sigiloso modo de los reptiles, principiado enero el Consejero en jefe (especie de primer ministro) de la Generalidad de Cataluña y secretario general de Esquerra Republicana de Catalunya (ERC), Josep Lluís Carod Rovira (nacido José Luis Vélez Díez), se entrevista en la localidad francesa de Perpiñán con capos de la banda terrorista ETA para solicitar a los criminales el cese de la violencia en Cataluña a cambio de una declaración institucional "a favor del derecho de autodeterminación de los pueblos del Estado".

En febrero, la ETA anuncia una tregua circunscrita al territorio de Cataluña: misión cumplida.

"Eso fue una canallada."

"Pero por aquí (Cataluña) nos quedamos tranquilos. No vale la pena discutir sobre excluyentes, sectarios o miserables."

"O sea, que nos zurzan a los demás."

"Privilegios tengas o los ganes."

"Los amigos se cuentan con los dedos amputados de una mano."

"Ventajas de empadronarse en el oasis."

El asunto trajo cola a pesar de que la sangre no llegó al río. Una destitución provisional del sujeto díscolo ("ha obrado por su cuenta y riesgo", explicó la versión oficial), enmarcada en el fingimiento de la política espuria, y el recrudecimiento del combate electoral zanjó la polémica. La fuerza de los medios de comunicación predominantes, al orientar en la opinión pública la relevancia de las noticias y el contenido de las informaciones, se impuso en esas fechas; y se impondría los días D (del 11 al 14 de marzo), a las horas H (la jornada electoral, de nueve de la mañana a ocho de la tarde).

El culto al fuego es inherente al carácter español, de natural proclive a incendiar o zanjar con llamas y rescoldos aquello iniciado con increpaciones y amenazas.

"¡A mí con esas!"

"¡Y tú más!"

El efecto purificador del fuego es legendario, instalado en el mito y en los genes de una raza variopinta, aduladora de la firma extranjera, despreciativa con lo propio y dada, desde el sesteo, el provincianismo y la bilis, a señalar la paja en el ojo ajeno mientras el denunciante observa su ombligo en innata delectación.

Demasiadas veces lo que el observador contempla con ojeadas prendidas de malsano goce es el avance devastador del incendio provocado. Basta un terreno agostado por la canícula, o una intempestiva ola de calor, y el combustible eólico que a la chispa transforma en hoguera, para que la voluntad escriba con letra abrasadora en el diario de sesiones del esperpéntico teatro nacional. Leña al fuego y tragedia al drama.

El español nace enseñado en el manejo de la sustracción, arte que requiere de instinto. La táctica de la tierra quemada no es un invento soviético ni fue difundida al mundo en alas de lumbre socialista. Pero ya se sabe que unos se llevan la fama mientras otros, los que recorren en círculo vicioso el perímetro umbilical, escardan la lana entre bostezos, interrogantes sin parentesco con el existencialismo y protestas.

"¿Quién ha sido?"

El 11 de marzo de 2004, penúltimo día de campaña electoral, las dudas cívicas sospecharon del terrorismo doméstico antes que de una confabulación internacional con sesgo islámico, y apuntaron como responsable de los atentados en cadena al malo conocido, puesto que el bueno por conocer, tratándose de criminales, nunca es tal. Lógica y raciocinio hablaban de aquende en la ideación tanto como en la ejecución; con el enemigo sempiternamente aposentado en casa, incontinente en sus exigencias, ¿por qué deducir que de fuera vienen las calamidades?

Pero las dudas tienen fácil siembra e inmediata recolección en una sociedad abonada al rumor, a la codicia, al arribismo y a la envidia. Cuando la verdad es una entelequia y el valor una rémora, denostados por activa y por pasiva los conceptos y sus expresiones, la mudanza de la opinión es tarea sencilla. Creadas las informaciones y movidos los personajes con voz, aparato mediático y estrella hacia los escenarios con previo despliegue profesional y añadiduras, lo siguiente era elegir al culpable y la causa, por este orden: José María Aznar, el Gobierno del PP y la guerra de Irak.

Caló la tesis, como bien supusieron los autores intelectuales del terrorífico plan. Demasiados muertos en un improvisado tanatorio; demasiados heridos en los hospitales; suficientes pruebas apriorísticas esparcidas en tiempo y forma —irrelevante entonces su veracidad o la comprobación de la misma—, para impedir la marea de acusaciones: "¡No a la guerra!, "¡nunca más!, ¡La culpa es de Aznar!, ¡el PP es culpable!" Ni una mención en las consignas a la culpa de los autores materiales de los crímenes y el desorden.

El peor atentado de la reciente historia de España iba a ser el más decisivo para los intereses de sus promotores. En un abrir y cerrar de ojos, a las veinticuatro horas de la masacre, el reguero derrocador contra el Gobierno y las sedes del PP crepitaba anunciando el estallido final: "¡Mienten!, ¡España no merece un Gobierno que mienta!, ¡tenemos informaciones que contradicen la versión del Gobierno!"

Muda de criterio en la pasmada ciudadanía en consonancia con la noticia, esclarecedora ella, de la aparición de un terrorista suicida con varias mudas de ropa interior a cuestas: "¡Verde y con asa!, "¡han sido islamistas!, ¡es la guerra santa!, ¡es la guerra de Irak!" Noticia falsa a sabiendas, emitida en el momento adecuado y, concluida la representación, destinada con medallas a la sima del olvido: ¿"Quién dijo qué?"

Centenares de miles de personas salieron a las calles de España a manifestar su dolor y desconcierto. Desde las bambalinas, un remedo de ejército organizado en comandos itinerantes —*las bandas de la porra, los escuadrones del amanecer*—, mediatizó el análisis ponderado, la investigación rigurosa, la inteligencia y el sano juicio. Veinticinco años inculcando el odio a España a niños, jóvenes y mayores, la asimilación de España con unas siglas parlamentarias y ciertas ideologías en receso, perseguidas y acalladas o fuera de juego al caer el pesado cortinaje de la Transición, nada relevantes en el contexto político, junto a la sistematizada negación de la nación española, historia y símbolos, consiguieron decantar la balanza en la jornada electoral.

"Misión cumplida."

Brindis, felicitaciones y euforia al concluir el recuento de papeletas. Castigo a un PP que se las prometía felices con la reedición de la mayoría absoluta pese a la sustitución en la cabeza de cartel; victoria del PSOE, ascenso de ERC y consolidación de PNV y CiU: a pedir de boca.

—El PP de la bicefalia alelada tuvo lo que se merecía y sus votantes, no menos anonadados, una decepción enorme incrementada con un tremendo disgusto.

—Tanto empeño en pasar página, en presionar las alfombras contra el suelo y en apretar los orificios de la nariz para evitar el hedor de las cloacas no podía acabar de otra manera. Los cobardes pagan tarifa doble.

Durante la violada jornada de reflexión, día trece de marzo, el enfrentamiento del candidato del PP, Mariano Rajoy, con el escudero-portavoz del PSOE, Alfredo Pérez Rubalcaba (paradigma de la impunidad), arrojó un balance de color rojo a la audiencia expectante. Las acusaciones socialistas vertidas a plena hiel, desde un atril y un trasfondo con logotipo, por el ex ministro de Educación —factótum de la debacle educativa, vulgo fracaso escolar, en España—, superaron con creces el apocado discurso del ex multiministro, leyendo a la defensiva e inseguro con la repercusión pública de sus alegatos y de sus apoyos al mirar arriba, abajo y por el retrovisor.

Dos legislaturas después, Rajoy, ya como presidente del PP, y Rubalcaba, ya como candidato a la presidencia del Gobierno por el PSOE, han contendido por subir a lo más alto del podio político, invirtiendo las urnas los papeles de triunfador y perdedor sobre el papel.

Quizá una semana después, vueltas las aguas revolucionadas a un cauce de iniquidad y los asomos de cívica oposición a un consolidado redil trazado por los vencedores, un periódico catalán, órgano de difusión socialista, ilustró el suceso como un acontecimiento: la celebración del triunfo con rúbrica de sus autores. En el dibujo aparecían ufanos, sonrientes y seguros, los líderes del PSC, de ERC y del PSOE, derribando con sogas la efigie de Aznar, retratado como un tirano. "Blanco y en botella." Huelga interpretar lo evidente.

De paso, queriendo consumar la acción, la *marca España* —independiente de sus políticos y de las inercias de sus hijos naturales y desnaturalizados—, era demolida. A un dirigente político se le encuentra sustituto dando patadas a las piedras; pero para una nación que constituyó el más grande imperio conocido, donde no se ponía el Sol, donde dio inicio el declive del megalómano Napoleón Bonaparte y que derrotó el ensayo de los Frentes Populares con la égida del socialismo soviético y la masonería, la sustitución es imposible.

El ascendido a la presidencia del Gobierno por la circunstancia, sus correligionarios avalistas y las urnas, José Luis Rodríguez Zapatero, declaraba sus intenciones legislativas, de carácter público, durante el debate de investidura en el Congreso de los Diputados. La Constitución debía modificarse en beneficio de las Comunidades Autónomas (por mor de la pluralidad del Estado); algunos Estatutos de autonomía, los de las *nacionalidades históricas* podían modificarse en beneficio singularizado y exclusivista para afirmar las respectivas condiciones nacionales y la secuela federalista o confederal. En caso de litigio por trabas interpuestas desde los sectores reaccionarios e inmovilistas del españolismo exaltado, absorbente y opresor, había que acudir al Tribunal Constitucional —mero trámite legalista—, formado por cargos políticos al servicio de sus colocadores, para que la alta instancia validara el deseo de los nacionalistas o socialistas de ese cuño.

Allá donde terciara, y nunca faltaron micrófonos, el lehendakari Ibarretxe anunciaba la convocatoria de un referéndum para que los vascos decidieran su futuro. Un órdago recurrente en la vieja partida de tiras y aflojas políticos y económicos.

A todo eso, el atribulado PP elegía a Mariano Rajoy como su presidente con un porcentaje de votos abrumador; los méritos del candidato, depositario de la confianza ciega, eran por aquel entonces una incógnita. Como la equis del 11-M para los muchos españoles que no comulgaban con la versión oficial.

# V Medios

## Rastros en suspensión

Toses, picor de garganta, escozor en los ojos, regusto a mentira.

Con el lento tránsito de una carga pesada, con el aliento fétido y denunciador de culpas, engaños y cobardes resignaciones, la nube de polvo remitía dando paso al cuadro de la realidad presente y el esbozo, atinado y previsible, del futuro.

La desgraciada conjunción de fechas, imágenes y recuerdos actuaba como catalizador del miedo inmediato y el presagio, anulando el discernimiento, las objeciones y las voces disonantes reclamando el protagonismo de las versiones proscritas.

"Es una conspiración."

"¿Conspiración? Uf..."

"¡Conspiración! Me río yo de estos paranoicos."

Pacto de encubrimiento a todos los niveles y en todas las instancias, velo de iniquidad; dilación u olvido, en síntesis. La marcha hacia el esclarecimiento de la verdad sobre lo sucedido el 11 de marzo de 2004, sus antecedentes, las cabezas rectoras y los ejecutores, las estratagemas de despiste y la acelerada conclusión del proceso indagatorio, era larga, en pendiente, cortados y curvas. Demasiado poder a la contra y escasez de espacio en la sórdida sala de las deliberaciones políticas.

"Venga, a otra cosa que el tiempo apremia."

"¿Para ir adónde?"

Es la pregunta que formula en los ámbitos permitidos la clase media.

La insistencia llega a cansar, produciendo una fatiga urente en los actores y en los espectadores de boca abierta o boca cerrada—con lo bien que sienta una terapia de olvido—; y los insistentes dale que te pego, incordios ellos, moscas cojoneras, justicieros de las tierras vírgenes —con lo bien que sabe una ingesta de ansiolíticos cuando el seísmo comunica en clave telúrica el fin del letargo del magma.

La clase media observaba la pelota en su tejado, confundida y atolondrada con la pujante implantación de las ferias grupales y el bullicio colorista de las verbenas. El escaparate lucía intermitente con los diseños de la aupada progresía. ¡Pasen y vean! Bailes populares, teatro de calle, ofertas de toma y daca, mercadeo seductor de bienes fungibles; tentaciones al por mayor, unos consejos paternales desde el estrado o en las zonas comunes, y la apropiada dosis de subsidios para ir tirando por la senda correcta. ¡Todo se compra, todo se vende! Un público ducho en los trasiegos, entrando y saliendo por turnos e invitaciones de los sucesivos recintos a través de las puertas de servicio.

—La pelota estaba en el tejado de la clase media.

—Volvía a estar en su tejado.

Aunque parecía ignorar su papel en el sentido decisivo que la concienciación otorga.

—El problema es la ceguera de tan importante sector social.

—Adolece la clase media de un conformismo adquirido y potenciado.

Quizá el tamaño de esta clase acogedora y dúctil, la gran familia que cuida de los suyos con mimo y celo, resulta perjudicial para una labor de conjunto que embride los extremos.

—El miedo guarda la viña, pero a un precio excesivo.

—La endogamia pervierte la conducta, desnaturaliza; transforma la clase en casta.

La protección cuesta dinero y un canon añadido de concesiones varias y muy gravosas al guardián del patrimonio.

"¡Paga o lárgate! ¡Paga o atente a las visitas programadas! ¡Paga o coloca el cartel de cierre por liquidación!"

"¿No era truco o trato?"

Había negociación con la banda terrorista ETA mientras bajo los focos y frente a las cámaras los secretarios generales del PP y el PSOE firmaban un pacto por las libertades y contra el terrorismo; una paradoja previsible cuando se estudia la historia todavía superviviente.

Tan previsible como la fecha de los atentados de marzo de 2004.

El oráculo avisó tarde y mal al gobierno del PP de lo que se le venía encima, aunque los verdaderos perjudicados iban a ser los que ya lo eran desde hacía décadas: España y los españoles. El oráculo del presidente Aznar enmudeció cuando se le requería, a destiempo, y engañó para favorecer el iracundo plan de tabla rasa. Y es que el oráculo del presidente Aznar no existía, cosas de la prepotencia y un ladino prurito del encumbrado, pues el gabinete asesor de realismo y prevenciones fue defenestrado por razón de acuerdos algo visibles pero nunca confesados con pelos y señales, arrastrando a los actores periféricos, relevantes ellos pero desde luego prescindibles y de fácil repuesto o eliminación sin más, que temían la certeza de las profecías y a los que el jefe ofreció unos gratificantes destinos —o continuidades de reverso—, por aquello de recompensar una tarea útil mientras así se entendió.

El oráculo de Aznar servía al dueño primigenio y cuando el presidente de un Gobierno metido en elecciones —y una despedida oficial del líder— quiso obtener respuesta a consultas y preguntas escuchó la añagaza que de antiguo esperaba el momento clave. Ruta torcida y al despeñadero. En la parodia de comisión investigadora ante la que desfilaron cargos en ida y vuelta, con muy diferente semblante los unos y los otros, José María Aznar dijo estar seguro de que con independencia de la fecha exacta de las elecciones, pocos días antes, dos, tres o cuatro, habrían estallado las bombas para ocasionar el mayor daño posible y la imaginable conmoción en la sociedad.

Lo que no contó Aznar, ni nadie en ese lugar de encuentro declarativo para no resolver nada, al contrario, es que hubo posibilidad real de anular las elecciones, dado el laberinto de interpretaciones y la puesta en escena de los ansiosos por consumar el cambio en vertical a partir del Gobierno de España y desde las cloacas del Estado. Pero el monarca, asesorado por quienes llegaban a sus oídos y deseos, abogó por la normalidad, como si la cadena de atentados no fuera motivo bastante para frenar impulsos desleales en aras de una verdad —la única verdad que el sano juicio admite—, que comenzó a enterrar la cúspide de la organización social.

"Sería por razones de Estado."

"Sería."

"Sería para arrumbar los estorbos en el desván."

"Sería."

Simple y llanamente, una conspiración.

Es recurrente en política la mención a contubernios, camarillas, asonadas y conspiraciones. Por añadir tres a la última, en 1995, tambaleada su efigie y aún más su gestión, Felipe González adujo que contra él se conspiraba, también, puestos a incluir en el mismo saco, contra la monarquía, el socialismo y la patria entera. Pero a él no le salpica nada y le resbala todo, qué suerte; qué bueno tener padrinos de enjundia.

Años atrás, escándalo financiero de Banca Catalana por medio (dinero, siempre dinero), Jordi Pujol acusó a España (sic) de conspirar contra Cataluña en su persona (modestia aparte). Pero a él no le salpica nada y le resbala todo, qué suerte; qué bueno tener padrinos de enjundia.

Antes, entre y después, el *peneuvista* Xabier Arzalluz, asperjaba a diestro y siniestro proclamando la conspiración opresora española (cómo no) contra las otrora provincias vascongadas al elevarse numerosas protestas por el trato magnánimo hacia ellas (léase concierto, cupo, vacaciones fiscales), y hacia la silente Navarra, de habitual a lo suyo y ándeme yo caliente aunque señale la gente.

Si tales personajes y añadidos de circunstancia política se encaramaban ágiles al carro conspirativo, tras el terror instrumentado entre el 11 y el 14 de marzo, nadie decente y con ganas de conocer la verdad negaría esa sospecha, esa posibilidad, esa certidumbre.

Orden y concierto son dos factores de progreso, esenciales ambos, queridos y reclamados por la clase media cuando ejerce potestativa en sus límites. Pero a la clase media le falta creer en su poder. Si malo es andar escaso de ilusiones y convicciones, mucho peor es negar la energía a quien la tiene y hace servir si quiere.

Casi nadie es consciente de su límite hasta que ha de demostrarlo, obligado a ello, pues a la fuerza ahorcan. La clase media se lamenta de su pasividad a la vez que se regodea en su mutismo de presidio voluntario. Cada tanto se la convoca a decidir entre las alternativas desplegadas por sus dirigentes aceptados o soportados; punto y aparte. Cada equis tiempo, igualmente tasado, diversos estudios sociológicos, vulgo encuestas, ponen en valor ante los interesados en conocer el resultado la opinión, la crítica o el escalado de preferencias, rechazos, alegrías o disgustos. Una estadística regularizada de consumo interno para las formaciones políticas (incluidas las denominadas organizaciones sociales, vulgo grupos de presión por mandato expreso) y apenas trascendencia empírica.

Los cambios y los recambios, los parches y los pegotes, que aparentan modificar las deficiencias, la plasmación o las carencias del sistema de partidos desfilan por delante y por detrás del público elector como nubes tironeadas por un viento arbitrario. Expectante o desengañado, timorato o alerta, indiferente o pertrechado de repulsa, votantes y abstencionistas toman nota de las componendas y envolvimientos para contrastarlos, por mera curiosidad a sabiendas de lo previamente anotado, en la libreta de apuntes. Algunos cambios en la política cotidiana obedecen al número, por aquello de la aritmética a la hora de sumar o restar, mientras otros al puro y manifiesto o encubierto deseo; un trueque, una permuta, un intercambio asignado a una lógica explicada con discurso vacuo que recibe el plácet de quien apoya lo que venga en nombre de un bien superior (¿?).

"Es lo que hay, ¿para qué complicarse la vida elucubrando sobre lo divino o lo humano? La cosa es ir tirando."

"¿Es todo lo que hay?"

"Hay para todos."

"El reparto es discrecional y numerado, que nadie se lleve a engaño a estas alturas."

Haya paz y buenos alimentos, predicaba la concordia con uniforme, sotana o traje a medida; pasen días y vengan ollas, pedía el pueblo soberano. Fútbol, tertulia y pinchos son las patas de una sociedad contenta con el destino trazado por sus gobernantes. En España reina la abundancia; la herencia económica legada por el PP es buena; los españoles conviven y medran a pesar de sus políticos; el invento funciona.

Los nombres son lo de menos. Anteayer fue Suárez, Calvo Sotelo o González, ayer Aznar y hoy Rodríguez Zapatero, el leonés de Valladolid. ¿Qué más da la estirpe o el calado intelectual? Son nombres, sólo eso: Adolfo, Leopoldo, Felipe, José María o José Luis; gente corriente, gente de la calle con las mismas aspiraciones que usted, que tú. Eso dicen con pose fotogénica, que son gente como nosotros.

"Lo de la simpatía y el talante va por barrios."

"Los barrios de la hipocresía."

Por sus obras los conoceréis. El pueblo ha madurado en un cuarto de siglo; de adolescentes díscolos a punto de la riña, pendencieros, jactanciosos y atrabiliarios, los españoles se han convertido en adultos identificados con la sensatez, el diálogo y la reconciliación terrenal. Ahora florece el entendimiento, la corrección política al hablar, la tolerancia en los modos y en los usos y la predisposición al acuerdo con la garantía del estado autonómico al negociar. Circula el dinero sin diques de contención, montaña abajo, y los nuevos propietarios a crédito escaleras arriba, a la notaría. España nada en la opulencia, navega sobre una balsa de aceite. *Panta rei, carpe diem.* Este periodo de bonanza y adquisiciones masivas, iniciado en 1997, es:

"Ufano", "glorioso," "fantástico".

Una etapa de manga ancha y brazo inmenso, despejada de mundanos inconvenientes, prolongada *ad calendas graecas*, ubérrima, dadivosa, tutelada; un crucero de placer exento de averías.

"Ficticia", "irresponsable", "manirrota".

Para gustos los colores, se sabe. Cada cual cuenta la feria según le va, imagina o percibe; y si el miedo es libre, la ambición es ilimitada y el hedonismo cautivador. Del blanco al negro, de la euforia a la pesadumbre en un visto y no visto cuajado de deudas, impagos, estafas y malversaciones.

"¿Qué ha pasado?¿Cómo es posible? ¿Y ahora qué?"

"Si ya lo decía yo... Castillos en el aire... Desmesura... ¿Y ahora qué?"

En la senda de los colores, y valga como ejemplo de lo que fue, es y será, pase lo que pase y pese a quien pese, la época de Aznar —con sus luces y sus sombras— se pintó de azul, del celeste al cobalto con tonos grisáceos, y la de Rodríguez Zapatero —con sus luces y sus sombras— de rojo con incrustaciones moradas.

La transición de un mandato político de dos legislaturas al siguiente recibió un bautismo de fuego (no se trata de

un eufemismo), anunciando un desenlace que tardará años
en dilucidarse en el plano legal, porque se persigue el olvido colectivo o la prescripción de los delitos (no vamos a
pelearnos después de tanto tiempo por un quítame allá esas
pajas, ¿verdad?). Enterrada la verdad bajo desechos y
ruina, pruebas, testimonios y declaraciones falsas, mez-
quina complicidad, oprobio y miseria moral.

"¡Vuelta la burra al molino! '*Conspiranoicos*', sois una
plasta."

"Todo conduce a pensar mal... y acierto."

La clase media bandeaba entre dos polos irreconcilia-
bles que no se correspondían con latitudes geopolíticas,
estratos sociales o ideologías clásicas; el panorama al alcance de los sentidos era de una novedad truculenta y harto
peligrosa para el devenir de la endeble ciudadanía. ¡Vivir
para ver, para oír y para tragar! Las conductas hablan por
sí solas si se les presta la debida atención, aún más los hechos, lo que aportaba al curioso impenitente y discernidor
cantidades de malestar endógeno que se sumaban a las dis-
tribuidas por los contendientes de la refriega.

"Ya se sabe todo", dictaba la versión oficial.

"No sabemos casi nada", oponían las voces discordantes alegando que la versión oficializada era falaz, una mentira y una burla a las víctimas.

De igual modo hubiera podido considerarse una burla a
los españoles el plantel de dirigentes políticos y cargos de
designación directa, inflamando la función pública con
material improductivo e insaciable. El globo, entiéndase
burbuja, aguantaría poco dada la presión ocupacional.

Algunos previeron la catástrofe cuando a lo largo de 2007
la crisis desperezó sus garras y sus colmillos; en realidad

la intuyeron, en toda su terrible magnitud y con todas sus nefastas consecuencias, en los primeros compases del gobierno socialista y con la disipación imperante en el conjunto de la sociedad. Subvención va y subsidio viene, sin garantías o avales, arbitrada la dación a la restringida lista de beneficiarios por los órganos competentes. La sociedad española vivía una fiesta de expectativas humosas ajena al estremecimiento de las costuras, al siseo de las grietas, al rugido de los odios, al zumbido de las maquinaciones y al trompeteo de las codicias.

La estructura nacional cedía a pesar de los ímprobos, puede que ingenuos, esfuerzos de los todavía españoles en cuerpo y alma; y la estatal sucumbía por el infame y no menos abrumador peso de las traiciones.

Pero como la consigna en las esferas era la de transmitir que "aquí no pasa nada", o en su defecto, "y si pasa no importa", con los poderes fácticos, las Instituciones y Organismos del Estado bendiciendo el proceso, aún sin bautizar, que minucioso y constante operaba en España desde el fallecimiento de Franco —quizá porque los trileros de la política, compendiados en las tinieblas, recelaban del concurso de sus compañeros y de la sinceridad del ideario— y que la mayoría de la sociedad acataba por inercia.

La moda reformista de los Estatutos de Autonomía, legislatura adelante, presentaba en 2005 la colección vasca.

"Otra vuelta de tuerca."

"¿Pero no tienen bastante con el cupo-concierto y las vacaciones fiscales?"

"Nunca es bastante si el camino sigue."

Para echar fertilizante al arreglo vasco (también al navarro), los Gobiernos españoles de turno: socialistas con nacionalistas, populares con nacionalistas y viceversa, prestaban inestable apoyo a la causa que por una parte agitaba el terror y por otra recolectaba el nacionalismo de izquierda, centro y derecha, desviando hacia el pozo muerto las protestas o sugerencias o dictámenes o indicaciones de la Unión Europea al respecto del privilegio. Oídos sordos y agua de borrajas: a seguir la ruta con renovadas provisiones.

Luego pasearían sus pretensiones autonomistas e independentistas el resto de comunidades, con un supuesto pacto de cauce entre las cúpulas popular y socialista.

"¿Nadie piensa en España?"

"Para dejarla en cueros, sí; para desposeerla de sentido y sentimiento nacional, sí; para extraerle el dinero que generan los españoles, sí; para requerirle el paraguas cuando llueve, sí."

Los nacionalistas de izquierda a derecha barajaban posibilidades de acuerdo soterrado, pagando la extraordinaria obra el Estado, o sea, los contribuyentes españoles al tanto de las maniobras pero impotentes contra la quimera o descontados del futuro esplendoroso que aguardaba en el horizonte de pocos años, a lo sumo unas décadas, a las nacientes patrias desgajadas de una madre extinta.

La disección mantenía el pulso cirujano con un solo inconveniente notorio: el de las víctimas del terrorismo.

—Infranqueable aduana, menos mal. La AVT, principal asociación de víctimas del terrorismo presidida por Francisco José Alcaraz Martos, movilizaba a sus miembros y a millones de españoles en presencia o conciencia. La voz de las víctimas ascendió al cielo de España para descender como agua de primavera en el yermo.

—La primera legislatura socialista presidida por Rodríguez Zapatero tuvo que soportar el clamor de una sociedad sana, digna, con memoria cierta y demandando justicia. El Estado de Derecho ignoraba a las víctimas y nos despreciaba a los que las apoyábamos en aras a una tolerancia y unas cesiones que destilaba en sus aparatosos alambiques la bastardía.

El recurso a la mentira y la falsa acusación cobró protagonismo ante la espontánea y legítima demanda de los españoles contrarios a negociar con los terroristas y sus aliados, cómplices y beneficiarios. En seguida saltó la noticia de una agresión al entonces ministro de Defensa, el inefable de la política al uso José Bono, por parte de unos manifestantes que militaban en el PP; la gélida amenaza del involucionismo —una especie recurrente en boca de la progresía contumaz y plutócrata— germinó de nuevo en las redacciones, en los despachos y en las agencias de noticias, con la muletilla de la inquina y el encono de la derecha recalcitrante hacia la civilidad de la izquierda. Era mentira, pero como en el caso de otras proferidas por esos mismos "maestros artesanos" —con imitadores en la sofocante amplitud del espectro político y el politizado—, la confirmación de la farsa tardó en ver luz; eso sí, transcurrió menos tiempo que para conocer bastante en detalle el asunto de los GAL (16 años a cuestas con el engaño y la elucidación, hasta donde era posible sin importunar en demasía), o los entramados de corrupción y corruptelas jalonando el existir de la democracia en España.

"¿Se atreve a poner fecha al esclarecimiento del 11-M?"

"Me atrevo a pronosticar el resultado."

La falta de recuerdo consciente y examen independizado de prejuicios en los habitantes de España, agasajados y perturbados por la oratoria cruzada de sofistas y las interferencias secundadas por el eclecticismo, fue suplida por una ley de asalto y choque, lavado e inversión, denominada de memoria histórica. Una ley con rango de Carta Magna, saludada por el reeditado Frente Popular, precedente y consecuencia de prácticas quirúrgicas desde los ministerios de Educación, Cultura, Interior y Justicia, como el desarraigo de creencias y sentimientos, el desistimiento y efectiva supresión del estudio de los capítulos de la verdadera historia de España que demuestran la unidad nacional, su secular recorrido y los hechos que enorgullecen por ser propios, ancestrales y compartidos.

Entre tanto, la reestructuración del Estado al margen de la Constitución o el refrendo activo de los españoles desgranaba fases en comisiones y ponencias. El enfado de sectores vascos por la negativa del Congreso de los Diputados a validar el plan Ibarretxe, egoísmos aparte, era de alguna manera paliado por la aprobación con matices del reformado Estatuto de Cataluña.

El viaje hacia la disección cumplía sus postas: estatutos de primera hornada, conciertos y cupos, asimetrías; estatutos de segunda hornada, asimetrías; pinceladas federalistas, asimetría; confederación asimétrica; puntos suspensivos; negociación con los terroristas.

Había que evitar el triunfo del terrorismo.

"¿Cuál de ellos?"

Las víctimas del prolongado terror que permanecían unidas en torno a la dignidad, la memoria y la justicia, alzaban la voz para desterrar el olvido, la institucionalización de la excusa o la proliferación de indulgencias hacia los destinatarios escogidos.

"¿Cuántos somos en realidad?"

La bandera nacional ondeaba en las manifestaciones y concentraciones organizadas por las víctimas del terrorismo, portada con orgullo; y el himno nacional, escuchado con emoción, era el broche a los actos que rendían sincero homenaje exigiendo la distinción entre víctimas y verdugos, entre la decencia y la perversidad; entre los políticos que con su presencia y palabras defendían y honraban a las víctimas y los que justificaban las ausencias, despreciaban las convocatorias, ignoraban las demandas a satisfacer por el Estado de Derecho o deploraban las movilizaciones con ásperos calificativos.

"¿La intransigencia es la razón de ser de las víctimas?"

Cada convocatoria superaba a la anterior, tenía más repercusión social y mediática. Aquello fastidiaba al poder y entorpecía las conversaciones privadas y los acuerdos en marcha.

—Las heridas mal curadas supuran.

—La nieve llena el vacío dejado por las piedras exiladas.

La leyenda *A España servir hasta morir* lucía incluso después de la traición; y la *Salve Marinera*, himno de la Armada española, sonaba íntegra, sin la amputación de las estrofas patrióticas. La encomienda ministerial de José Bono deleitaba a la "izquierda dorada" y a los mitómanos del socialismo real, entusiasmando a nacionalistas y separatistas. Fuera el concepto de Patria, de honor, de servicio a España, los nacionalistas, la izquierda plural y la derecha política que templa gaitas, ganaban otra batalla por la vía de los hechos.

"Repito: nunca pasa nada."

"Repito: y si pasa no importa."

Agencia tributaria en exclusiva a corto o medio plazo, según las presiones, e inclusión del término nación en el preámbulo del modificado al alza Estatuto, cesiones a Cataluña. Profundización en los privilegios forales, cesiones al cómputo vasco-navarro. El resto de Comunidades Autónomas, por orden de desafección a España o número de compromisarios y censados con derecho a voto, a la cola de las peticiones que algún día, eximidas de publicidad por si las moscas, recibirán forma.

Por la boca muere el pez, se delata el bocazas y también se expresa lo que se siente o desea. Rodríguez Zapatero mimaba los graneros que le reportaban el mayor apoyo parlamentario: Andalucía (realidad nacional por calco estatutario) y Cataluña (nación suscrita y desembolsada en su prolija viceconstitución) —simbiosis de número, colores deportivos y entidades financieras—, prometiendo asumir como idea personal en lo tocante a Cataluña lo aprobado en pleno por su Parlamento. Con esta predisposición festoneada de anuncio, el Estatuto de Cataluña contaba con el respaldo preciso para sortear las trabas de los contrarios en el Congreso y en el Senado, enmarcadas las fotografías de la comisión avaladora, y acogerse encantado al visto bueno definitivo del Tribunal Constitucional cuando llegara su pronunciamiento.

Para no perder comba, la ETA comunicaba su sempiterna aspiración proponiendo lo de siempre.

La fuerza del número y la del terror, en ocasiones sumadas, muy enseñoreadas ellas, regían los destinos de España hasta la victoria final.

*En mi nombre, no*, era el lema elegido por la AVT para concienciar a la ciudadanía sobre el infame "proceso de paz" y protestar por el cariz que tomaban las cosas con relación a los terroristas, la política penitenciaria, los familiares de los terroristas y las formaciones políticas que auspiciaban o coreaban al dictado de la organización criminal.

*11-M, queremos saber la verdad*, era el lema elegido por las víctimas del terrorismo y a su lado aquellos españoles que no iban a agachar la cabeza o a doblar la rodilla tragando versiones oficiales mentirosas y engaños sobre los visos pacifistas de los etarras y su red sociopolítica.

Millones de españoles cuidaban su memoria repudiando los paños calientes y rendían culto a la historia sin omitir las páginas molestas para sus protagonistas ni la elocuencia de los documentos proscritos al libre conocimiento y a la investigación objetiva. Pero a pesar de tamaña compañía, que debía impresionar a los observadores, esa masa cívica saliendo a la calle o prestando su espíritu y anhelo a través de los medios que abrían sus líneas de comunicación estaba sola con su inquietud y atenazada por el temor fundado a una derrota sin lucha.

En millones de españoles crecía la indignación y la impotencia mientras velaban su esperanza en un cambio traído por las urnas ya que no, al parecer, por la conciencia o el sentimiento nacional emanado de sus dirigentes políticos. Advertidos de la ominosa sombra, el asedio planificado podía retrasar su efecto conclusivo si se coordinaban las acciones, voluntariosas y notorias en la medida de lo posible, para detener la inercia.

"Esto es demoledor."

"No hay que exagerar. Los alarmismos son malos consejeros."

"Un desastre peor que el de Annual."

"Cuestión de encaje; así hay que contemplarlo."

La Constitución de 1978 era invocada por unos y otros, interpretada al gusto del interesado o conducida con mano experta de título a artículo al órgano jurisdiccional competente para que los magistrados, nombrados por el poder político, sentenciaran según su leal saber y entender.

"Disculpe, ¿cómo dice?"


## Los tipos listos

"Digo que más vale caer en gracia que ser gracioso."

Algunas personas dedicadas a la política en las últimas décadas han caído de pie y les ha brotado una flor en el culo, regada y abonada por el contribuyente; lo que pese a la supuesta incomodidad de la ubicación, no les impide afianzar las posaderas en los sillones, las butacas, los sofás, los bancos y las bancadas. Con el desparpajo del feriante, acicalados y de veintiún botones, un cuantioso grupo de vividores medra en lo público y en lo privado protegido por el grueso manto de la connivencia y los flecos de inmunidad e impunidad. Aunque no todos esos vividores logran traspasar con éxito los aleatorios controles que de tanto en tanto depuran responsabilidades en los ámbitos civil y penal. Pero aquellos que lo han conseguido incluso disfrutan de reconocimiento en el gremio, entre los periodistas y los comunicadores de la cuerda y las gentes del espectáculo que están al servicio del poder único.

"Es así, caen bien algunos a pesar del descaro; qué le vamos a hacer."

Mucho se podría y debiera hacer para eliminar el componente de negocio en la política, y por ende escribir la profesión con letras mayúsculas en oro o plata o bronce honradamente ganado, y sin la apostilla "al uso". Lo que sea, menos cerrar los ojos, ponerse de perfil o suspirar porque la parentela quede incluida, un día de estos, en la nómina de los partidos políticos u organizaciones sindicales, sociales o no gubernamentales financiadas con el dinero de los españoles a los que cuesta sangre, sudor y lágrimas ganarlo.

Hay nombres que despiertan un apetito curioso, también morboso, en la ciudadanía. Al escuchar el nombre se asocia de inmediato la imagen del individuo y su obra, su demagogia o populismo, su carácter y el tránsito de la riqueza al poder —la cumbre, el cielo— o de la modestia a la opulencia y del recato al impudor.

En esta misma línea de contrastes, hay nombres que inspiran confianza, afecto, que evocan el sosiego, el esfuerzo enriquecedor de ánimo y espíritu, el ejemplo de las sanas costumbres; mientras otros nombres, por lo general muy oídos durante un tiempo, viajeros sin billete de boca en boca, cooperan a la implantación de la repulsa, la desazón y las defecciones.

Una tercera categoría de nombres vinculados a la política, predispone a un electorado concreto a entregar su voto a las siglas que los incluyen en las listas cerradas o, situados en el campo del adversario, a creer —desde una arcana credulidad— que actúan o actuarán como contrapeso de unos programas que ni convencen ni atraen. Por citar los sobresalientes: Alejo Vidal-Quadras, Jaime Mayor Oreja, José Bono Martínez, Alberto Ruiz-Gallardón, Alfonso Guerra González o Juan Carlos Rodríguez Ibarra. Los miembros de esta lista —reproducida en síntesis— conjugan la declaración solemne de principios y valores, que tanto gustan a un sector importante de la población, por lo habitual sosegada, con la versatilidad del ejercicio político.

Alejo (Aleix) Vidal-Quadras presidió el PP en Cataluña (posteriormente fue transmutada la preposición 'en' por la 'de'), y encabezó la lista electoral al Parlamento de esa Comunidad Autónoma consiguiendo el mejor y más esperanzador resultado para los fieles y sufridos votantes de derecha nacional. Pero este aval y la granjeada simpatía de los militantes y electores, no valieron para evitar el trueque acordado por José María Aznar y Jordi Pujol allá por 1996. Otro contratiempo, bendecido por las jerarquías del bipartidismo español, para oponer resistencia desde las urnas y la palabra a la deriva de negocio y secesionista en Cataluña. Aunque peor le fue a los votantes con la decisión cercenadora de ideas y hechos, puesto que el retirado del frente de batalla obtuvo compensaciones europeas, lo que ayuda a sobrellevar la decepción al conjunto soliviantado, pero no tanto, y a mantener un cargo de relevancia apartado del tablero de juego nacional.

Jaime Mayor Oreja es la voz de una conciencia idealizada por los seguidores de las causas perdidas. Su sola presencia bastaba para recuperar la confianza perdida en sus compañeros de partido; él era el garante de la palabra dada, del porvenir despejado de incógnitas con relación a los terroristas. Mientras apareciera él en pantalla, la realidad pasaba desapercibida y todos contentos haciendo o deshaciendo. Pero el tiempo y los acontecimientos, empecinados ambos en protagonizar el presente, mermaron la capacidad de respuesta del interrogado —suplicado, invocado para remediar los males venideros— ante esos sucesos en expansión y, en paralelo, la permanencia en la lista de los afortunados para seguir viviendo como si tal cosa.

Por sus actos los conoceréis, en efecto. Por sus aparentes contradicciones, por sus quites taurinos en cualquier plaza, por sus largas cambiadas y por sus espantadas cuando aprieta el temido juzgador independiente. Lamentaba el duradero presidente de la Extremadura autonómica, Rodríguez Ibarra, que de tanto comer langostinos y delicadezas similares apenas recordaba el casero y tradicional lenguaje del puchero; no lamentaba, por contra, o no lo decía, que de tanto asistir al comité federal del PSOE, con el batiburrillo de opciones y sistemas por encima y por debajo de la mesa, le aplastaba la losa del trágala. Las condolencias de entrevista —cuán dura es la vida del primer edil, la del munícipe obsequioso, la del ascendido a la de la presidencia de la Comunidad o la del diferido en cargo y sueldo al plantel ministerial y quién sabe qué relumbra al otro lado del espejo—, retratan al personaje incombustible: Ruiz-Gallardón, Guerra González, profetas en sus tierras —de origen y registro—, comisionistas de una subversión galana, va en el apellido, de una subversión chabacana, en el apellido va. Al igual que las revelaciones periodísticas, cuando tienen a bien producirse, avientan los cubrimientos de hojarasca camuflando, sin excesiva prudencia, las propiedades y negocios del durable presidente de la autonomía manchega Bono, que no es caso único pero sí peculiar;

amagos de querella, fintas y despistes entelan los inmuebles y la gratitud del amigo empresario, o la del amigo político imbricado en la caja de ahorros, favorecidos por unas decisiones venidas al pelo. A estos personajes que no son de sainete, viste y calza la medida del "ya lo decía yo"; y la del júzgame por lo que digo no por lo que hago (si puede demostrarse).

El cambiar las cosas desde dentro es el alegato de quienes mitigan su malestar y su decepción (no tan abiertamente confesada) con su presencia en las listas electorales. Actitud improductiva para el noble propósito esa de estar en misa y repicando, no obstante en boga y justificada por una esperanza a futuro.

Una esperanza truncada, que en su momento se supuso firme, loable, eficiente. El ajuste de cuentas político se lleva por delante, y a su tiempo, desde la paja a la roca. El régimen interior pasa factura y criba, corta y pega, remienda, mete y saca; no deja títere con cabeza pero sí, tiene gracia, versos sueltos; una anomalía pintoresca que da juego en los medios y mucha apariencia en las barreras. Son los menos, pero los más resistentes a la crítica, al voto o a la descomposición; son piezas de permuta inmunes al señalamiento, con la espalda ancha y el hígado curtido, que saben donde ir.

"¿Qué fue de...?"

"Sigue en el candelero."

Basta preguntar para dar con su paradero, como se lee en los cuentos de hadas o en las fábulas.

"¿Qué ha sido de...?"

"Está en..."

En un buen lugar con excelente cobertura.

Pero otros nombres que sólo recuerda la dignidad o la familia, también la crónica exhaustiva de un tiempo sin lagunas artificiales, no tienen ese aposento en el relato que solapa la historia ni una publicidad selectiva que da siempre dos veces. Son nombres de paso, por el mucho peso de la palabra y los hechos, que la política rastrera —aliada de la paradoja— barre hacia el páramo azotado por el viento del olvido, a precio tasado el soplo.

"Se llama Regina Otaola, ¿la recuerdas?"

"Izó una bandera nacional en el ayuntamiento de la localidad vasca que la eligió alcaldesa, ¿verdad?"

"Eso es."

"A toro pasado no debió agradar la pica en Flandes a los dispensadores de puestos en las listas."

"El enemigo en casa y la utilidad en el plato."

Gloria en frasco pequeño y la etiqueta colgando hasta que se desprende. Finalizó el plazo de amortización de la heroína y demás héroes por desgracia anónimos.

Concluyó la tregua de la banda terrorista ETA, una más, con asesinato, para no variar. Doble o nada, macabra ruleta. Las víctimas están en el lugar equivocado, a una mala hora; la idea criminal ejecutada certifica la voluntad de los asesinos.

Repetía el gobierno socialista hasta la saciedad las bondades de la panacea que pondría fin a la actividad criminal; un proceso de paz y concordia elogiado por los negociadores internacionales que metieron la cabeza y las manos, a instancia del gobierno, en la masa esponjosa, muy apetecible y beneficiosa en moneda contante y sonante. Saludaba su iniciativa Rodríguez Zapatero, con la falsa modestia del judas redivivo, enmascarado en sus deseos y en su buen resultado: ninguna muerte, ningún atentado, ninguna violencia.

Mentira. La violencia continuaba, más a sus anchas si cabe, amparada y, lo que es peor, tolerada, por una propaganda engañosa que negaba la realidad y sus consecuencias a presente y futuro.

"Escuchad lo que digo y no miréis alrededor", era el mensaje de Rodríguez Zapatero y las jerarquías socialistas y nacionalistas.

Pero fue inevitable mirar la columna de humo en el aeropuerto de Barajas y escuchar la noticia del regreso de los terroristas y sus tácticas negociadoras. Contrito admitió Rodríguez Zapatero el fracaso, pero mantuvo la mentira —o la pantomima— de la negociación. Dijo, tirando de recurso telegénico, que había ordenado la suspensión del proceso debido al accidente en la T4. Como suena: dijo suspensión, no anulación, y accidente, no atentado o crimen o delito de lesa humanidad, por ejemplo. A Rodríguez Zapatero no le traicionó el subconsciente, lo que sería una disculpa emitida por el consejo asesor y el portavoz de turno ante los medios y la opinión pública; dijo lo que quería decir porque ese era su sentimiento: accidente, tropiezo, inconveniente, tachuela; y no dijo que proseguía la negociación con el amplio mundo terrorista porque ese mismo consejo asesor, evaluando las probabilidades, impuso el criterio de la media verdad que si cuela deja la pista libre.

La consigna de negar la negociación con la ETA supuso un añadido diario en los comunicados gubernamentales. Las informaciones que iban surgiendo en torno al proceso negociador a varias bandas, en apariencia dañaban la credibilidad del Ejecutivo, del partido socialista y del presidente del Gobierno, por lo que era preciso contraprogramar —habilidad innata en el socialismo. La proximidad de las elecciones municipales y autonómicas de 2007 obligaba a tomar posiciones y difundir avisos por doquier. Se supo que el Gobierno pidió a los terroristas, en el Centro Henri Dunant de Bruselas, la capital de la Unión Europea, que cejaran en sus atentados durante la campaña electoral, a cambio de lo que ellos saben.

El resultado de las elecciones no varió el mapa de influencia política, lo que sin satisfacer a nadie contentaba a todos los interesados en seguir en sus puestos y en sus objetivos.

Dado el cariz de los pactos a posteriori de los comicios, en general perjudiciales al PP y rentables a la izquierda y a los grupos locales definidos como independientes, Mariano Rajoy aseguró que incluiría en el programa electoral de su partido la modificación de la ley electoral; asunto prioritario para sus electores y, pudiera decirse, de interés nacional. También de ese mismo interés, e higiene, para gran número de españoles era la desvinculación de la impunidad y la inmunidad de los políticos en ejercicio y nómina de las Administraciones, y la de la Casa Real, del primero al último de sus integrantes.

"Se lo llevan crudo y ni siquiera podemos rechistar."

"Derecho al pataleo y al comedido señalamiento tenemos, poco más pues los que no están pillados están untados o dispuestos al soborno y a la colocación activa o pasiva."

Los escándalos de corrupción, principalmente económica, apenas arañaban la muralla pretoriana y repelente circundando a la familia regia, sus allegados, la casta política y sirvientes.

"Subvención va, subsidio viene. ¿Dónde iremos a parar?"

"A una charca inmunda y pestilente."

"Ahí ya estamos. Digo que dónde acabaremos."

"En un taller de costura."

Fracturados y ruinosos.

La gran explosión de la burbuja inmobiliaria dio inicio al final del plácido sueño, ese del que nunca íbamos a despertar. Desprevenidos por una ambición irresponsable —la avaricia rompe el saco—, cegados por el oropel y sordos ante las palabras sabias y prudentes, millones de españoles golpearon contra la realidad lamentando tarde y en un hilo de voz los excesos cometidos. De repente, la sociedad española pasaba de la virtud al vicio y del compadreo al reproche, expulsando los demonios que antes fueron invitados de postín.

"La culpa es de los bancos", "la culpa es del Gobierno", "la culpa es del Estado opresor y sacacuartos", "la culpa es de los americanos", "la culpa es de los especuladores", "la culpa es de los políticos", "la culpa es tuya."

"¿Tú no tienes culpa?, ¿tú no eras responsable de tus actos?"

Llovía sobre mojado, pero de la inundación precedente no se guardaba registro ni memoria, salvo excepciones a las que poco vale el refugio cuando las aguas de la tierra compartida desbordan las alturas habitables.

La crisis financiera y su hermana la crisis económica llegaban para quedarse. La crisis nacional, prima de las anteriores, permanecía encerrada en el sollado de la nave fantasma, aburrida de su insignificancia, jugando al solitario con unos naipes de arista filosa y estampación desfigurada.

Crisis.
"No."
"¿Entonces?"
Desaceleración, crecimiento ralentizado, ajustes en los mercados. Los asesores del Ejecutivo socialista pergeñaron un libro de estilo, similar al aplicado a los lenguajes político y periodístico, que negara la mayor con circunloquios, con entelequias y con eufemismos ajenos a la verdad.

Nada de crisis a las puertas de unas elecciones. Nada de turbulencias o marejadas en el ambiente que denoten desavenencia y combate por el liderazgo o la antesala del mando único. Prietas las filas, los versos atados, las disonancias en cuarentena y la redundancia cíclica de Ruiz-Gallardón intervenida desde dentro y desde fuera. "Si este va en la lista al Congreso, yo voy en la lista al Congreso", advertencia en tono de amenaza la de Esperanza Aguirre ante el envite del compañero de partido, pero no de ideología, a tomar los puestos decisivos. "Ni uno ni la otra", sentenció el árbitro Rajoy; y cada uno volvió a su rincón mirando de soslayo el perfil del rival.

Nada de crisis interna en fechas comprometedoras.

Echaba reojos la seguridad del monarca porque la cosa subía de tono. Las visitas reales a ciertas localidades de lo que se supone su reino, se habían convertido en polo de atracción para los detractores de la Corona, de España y del egregio personaje con su séquito civil y militar.

"Es intolerable", "es inaceptable", "es insufrible".

Los padecimientos ante las afrentas demacraban la efigie del rey.

"Lo que de verdad le preocupa son los manejos de la familia."

"Lo que sale a la luz da que pensar."

"Y lo que te rondaré."

El rey acusaba recibo de improperios y burlas provenientes de sectores movilizados por la marabunta antiespañola; amén de ser pasto de las llamas, en sentido figurado, y objeto de la ira programada.

"En cuanto se aplique la ley esto se acaba."

"¿Cuándo se aplicará el código penal a quienes cometen delitos?"

Era una pregunta obsesiva en muchos españoles, ayuna de respuesta. Fueran cuales fuesen los merecimientos de Juan Carlos I, cuestionables como casi todo en la vida, el hecho incuestionable es que sobre su persona se vertían delitos y, por ende, sobre España y sus símbolos, que a la sazón es lo fundamental.

"Qué mala es la tolerancia política institucionalizada."

Ahora la envidia tenía pareja en el catálogo de defectos, no admitidos como tales.

"¿Hasta cuándo?"

"No se vislumbra límite de inflado si el globo está roto."

Dijo José Antonio Primo de Rivera que prefería una España roja a una España rota.

"Esa distinción es errónea: una España roja es una España rota."

Aquellos rojos a los que se refería José Antonio eran los integrantes del Frente Popular: socialistas, republicanos de izquierda, comunistas, anarquistas y separatistas de izquierda. Los del siglo XXI reeditan en medio electrónico —signo de los tiempos— la deriva social y política de sus antepasados, puede que acentuada en la división y con mayor rentabilidad garantizada.

"Es rentable ser antiespañol en España."

"Un negocio redondo."

Cercanas las elecciones generales salta a la palestra informativa la petición acostumbrada de incrementar el autogobierno y sus recursos financieros para las Comunidades Autónomas calificadas de históricas o nacionalidades en versión de la Constitución de 1978 (las designadas por la II República, para entendernos).

"Siempre por delante el burro. ¿Cuándo va a sonar la hora de España? ¿Cuándo va a cerrarse el proceso de descentralización política? ¿Cuándo vamos a tirar del carro como un solo hombre?"

Preguntas en cascada con la respuesta en el fondo del mar. La sola mención de la palabra España producía reacciones en cadena alardeando de una enemistad flagrante, no pocas veces encabezadas y sin excepción secundadas o justificadas con argumentos cómplices por los dirigentes del PSOE.

Asimismo, el que alguien solicitara el esclarecimiento de la verdad o demandara con razones y pruebas que el Estado y sus poderes inquirieran acerca de lo sucedido el 11 de marzo de 2004 —antes y después mejor todavía—, activaba la estruendosa maquinaria de rechazo, la acusación envenenada y el diagnóstico de patología conspiradora. Y eso que los magistrados que debían sustanciar la causa contra los imputados, tras abreviar el procedimiento sin necesidad aparente, consideraron que en el banquillo no había llegado a sentarse ninguno de los organizadores, vulgo cerebros, de los atentados; ni que con las pruebas aportadas por la Fiscalía la organización terrorista Al Qaeda tuviera arte o parte en la masacre; ni que, por falta de investigación, pudiera implicarse a la organización terrorista ETA en los trágicos sucesos.

El tribunal emitió una sentencia canalla que, sin entrar en considerandos y con las manos lavadas y el episodio archivado, satisfizo a los creadores de la tesis islamista que eran, a la par, los beneficiarios por la alteración en la jornada de reflexión y la electoral, por el cambio de gobierno y de política interior y exterior.

"Sabremos la verdad, se lo he prometido a mi hijo muerto."

"Dios lo quiera, aunque sea tarde para la buena gente."

Averiguar quién permanece escondido detrás de los atentados, logrados los objetivos, es el deber moral y la obligación cívica de una sociedad libre, valiente y con un mañana a escribir con buena caligrafía.

En época de elecciones hay que redoblar la demagogia y centuplicar el engaño. "Es enormemente exagerado hablar de crisis", pronunció con la pachorra característica Pedro Solbes, ministro de Economía. Ya podía empecinarse en la didáctica Manuel Pizarro que al gobierno socialista y acólitos no los apeaba de su tesis ni el estallido de una supernova. Ellos a lo suyo, permanecer en el gobierno, y a quien le guste un regalo en el oído que escuche y vote la munificente soflama. Los promotores de la estratagema desplegada de uno a otro confín del electorado intuían la revalidación en el gobierno de sus actuales inquilinos y el chorro de liquidez tributada por el contribuyente a varios medios de comunicación, empresas afines a los altos cargos socialistas y nacionalistas y a las cúpulas sindicales de UGT y CC.OO. Vendida la piel del oso antes de cazarlo, en una prognosis de apuesta sobre seguro.

Con los cazadores saliendo de la imputación sin estridencias pero exentos de decoro. Las amistades hay que cuidarlas, y las regias así como las de la tornasolada esfera política con mimo y unción venerable. El Tribunal Constitucional libra a "los Albertos" —no son caso único— de ingresar en prisión pese a la estafa confesa; cosa de la prescripción de los delitos. Sonó la flauta para los dilectos figurones palaciegos; cayó en desuso ad hoc la doctrina del Tribunal Supremo.

"¿No es el Tribunal Supremo la Instancia final, la creadora de jurisprudencia, en el Ordenamiento Jurídico español?"

"Lo era."

"¿Entonces...?"

"Unos crían la fama y otros escardan la lana. ¿Entiende?"

"Entiendo que si no tienes padrino no te bautizas."

"Eso también."

Por el imaginario popular rondaba aquello de que el tirar de la manta destapa lo inconveniente para las alturas, tan frías ellas sin guarnición. O lo de arrímate y saca partido, versión abreviada del refrán: quien a buen árbol se arrima buena sombra le cobija.

"El refranero es sabio y entretenido, pero no da de comer."

"Y la crisis aprieta y ahoga, válgame Dios."

Las aguas revueltas de la política preelectoral mojaban las riberas, los cañaverales y los campos de cultivo tierra adentro. Con los papeles cambiados, pero no tanto, un número considerable de magistrados se permite criticar por lo negativo, en tono admonitorio, las propuestas del PP, siglas que por un azar, un castigo o unos descuidos podían desbancar del gobierno al compendio PSOE y... Los puntos suspensivos indican que la imaginación y los deseos del votante del PP van en dirección contraria a las intenciones postelectorales de sus electos.

"Nunca aprenderán."

"Alguna vez tendrá que ocurrir, ¿no?"

"Pánfilo."

"A mucha honra."

Un descaro complementario el de esos juzgadores togados.

—El fin justifica los medios y a los comunicadores de ocasión hilados a los de oficio, prebenda o contrato a tiempo parcial. Con independencia del traje, uniforme o hábito que vistan, ciertos nombres resaltan por su inclinación política y la inestimable cooperación para alcanzar las cimas ideológicas.

—Estén donde estén situados, ciertos nombres resuenan en los oídos y saltan a los ojos coincidiendo con asuntos, acontecimientos o negociaciones que captan o reciben para sustanciarlos, distraerlos o afirmarlos. Qué habilidad la de estos tipos.

A la credulidad le ayuda, y de qué manera, las ganas de creer.

"Si dicen que no hay para alarmarse, yo les creo."

"Tú les crees digan lo que digan."

"Será por la sonrisa, por el talante."

En sordina, con la espalda arqueada, indiferente a la emisión televisada en su despedida, Rodríguez Zapatero anuncia a su compañero de andanza ideológica Iñaki Gabilondo, que en los mítines de campaña va a tensar los ánimos de las audiencias, de por sí entregadas al acudir a los puntos de encuentro y a la expectativa de una pronta colocación, porque conviene a los socialistas mantener un estado seudónimo de beligerancia, puesto en escena con realismo al estilo de 2004, entre sus votantes para abordar con éxito el reto de las urnas. El periodista asintió con levedad, colaborador, de acuerdo en la idea y en la sumaria ejecución. ¡Para eso están los amigos! Lo escuchó quien quiso y fue bien aceptado por quien lo aplaudía.

Victoria socialista en las elecciones generales de 2008. Ahora ya podía terciar la crisis financiera y la crisis económica —de la crisis nacional ni una frase— en las tertulias y en las entrevistas al renovado presidente o los ministros de su gabinete.

"Añoro las entrevistas de Joaquín Soler Serrano y a sus invitados."

"Me deleito con los comentarios de Federico Jiménez Losantos."

Millones de españoles se preguntaban de qué les valía tener la razón. Una pregunta retórica, por supuesto, nacida de la amargura, hija de una profunda reflexión que empaña la mirada y revuelve el estómago.

La crisis asomaba oficialmente a las pantallas, a los diales y a los periódicos; pero no con sus letras sino con sinónimos de flanqueo: crecimiento débil, inflación alta, dificultades serias.

"¿Para cuándo la recesión?"

"Aquí llega."

De negar la crisis a publicar la recesión en el cuarto trimestre de 2008, así se escribe la crónica de una mentira encubierta por los votos.

"Las urnas lo curan todo."

"Las urnas lo perdonan todo."

"Las urnas lo barren todo."

"¿Habrá elecciones anticipadas?"

La victoria socialista alegró a muchos; la victoria de la selección española de fútbol en la Eurocopa (antigua Copa de Europa de selecciones nacionales), entusiasmó a la mayoría de los españoles. Gracias a este triunfo (el segundo en la historia de la competición), los españoles sacaron a la calle y a los balcones la bandera nacional, proclamaron su sentimiento y su identidad, y caminaron gozosos y tranquilos por casi todos los pueblos y las ciudades de España haciendo profesión de españolidad; hubo excepciones en esos lugares tan repetidos en las noticias y en los clubes de opinión.

Da que pensar, y aún más, que un evento deportivo, por importante que sea, facilite, empuje, motive, a reivindicar la Patria y a corear lo de: "yo soy español, español, español", especie de canto de guerra en periodo de bonanza. Millones de españoles se preguntaban por qué la exteriorización del sentimiento nacional y la proliferación de símbolos nacionales no era algo frecuente, innato también, en los españoles, el día doce de octubre y el resto del año.

"A lo mejor es por miedo al qué dirán o a lo que puedan hacer los que desaprueban estas manifestaciones de sentir patriótico que impulsan a España por encima de la mediocridad."

"A lo mejor es porque escasean las alegrías con la vitola de España que llevarse al cuerpo, y cuando se produce una la gente la vive con pasión y orgullo. Vamos, que hay ganas pero faltan los motivos."

"A lo mejor es porque no hay manera de identificar los símbolos de España con la familia real, la casta política y la estructura del Estado. He dicho."

A tiros, extorsiones y bombas habla la ETA mientras sigue la negociación sin luz ni taquígrafos decentes.

De la España del enriquecimiento acelerado, promovido por la jerarquía socialista gobernante y loado por aquella "gente guapa" integrada en el poder por las selectivas conexiones de la política, los ecos de sociedad y las finanzas, a la España del empobrecimiento raudo y veloz, de la que tuvo cuidado no citar Carlos Solchaga, ese ministro risueño y cooperador necesario para las tramas especulativas, ni su jefe de gabinete, el demagogo de patillas canas Felipe González.

En 2009 se acentúa la crisis con una recarga de males endémicos: la recesión y los etarras. Para obviar la primera, el Gobierno refuerza las campañas propagandísticas vaciando las de por sí esquilmadas arcas del Estado; para combatir sin igualdad de condiciones a los terroristas y su pandemónium sociopolítico, tras las elecciones autonómicas vascas, ganadas por el PNV, populares y socialistas unen escaños pero apenas tarea legislativa.

"Es un paso."

"¿Pequeño para ellos y enorme para los españoles?"

Más fácil para el desempeño político lo tiene el PP en Galicia al ganar las elecciones a su parlamento por mayoría absoluta.

"A ver si el PP frena la deriva nacionalista a la que cogió gusto el socialismo gallego y los portavoces de la calle Ferraz."

"Soy escéptico."

Menos da una piedra, pensaban los españoles con el agua al cuello al conocer la noticia de la intervención de la Caja Castilla-La Mancha. Desde los tiempos de Banca Catalana, el Banco de Barcelona, el Banco de los Pirineos o Banesto, la nacionalización de una entidad financiera no captaba a ese extremo las expectativas regeneradoras de la honesta sociedad. Luego llegó el turno fiscalizador a cajas de ahorro de Cataluña, Galicia, Andalucía y Valencia; y el turno de las fusiones, quién sabe si con la idea de sanear el sistema financiero español o desmontarlo, al igual que se operaba con la nación. Al final y en resumen, todas las cajas de ahorro de España estaban sentenciadas a la liquidación por culpa de sus gestores políticos.

El desbarajuste en las cajas de ahorro, en mayor medida, y en las Comunidades Autónomas, seguidas de cerca por los entes locales, clamaba al cielo, a la cordura y por el punto final. Pero como tales responsabilidades de calificación negativa y tipificación penal corresponden en exclusiva al poder político y sus dilatados aledaños —unidos ante el peligro de una reconvención ciudadana tendente a la depuración—, por ellos y para ellos fueron tejidos unos apaños eximentes.

"¿Impregnados de fútbol o tintados de morado en la franja inferior?"

"De colores se visten las imágenes en primer plano."

La contraposición efectista a la enseña nacional era la bandera de la II República, portada en manifestaciones de los partidos y los sindicatos de izquierda, y repuesta desde

sectores subvencionados por la ley de memoria histórica
—algunos de cuyos integrantes añoraban el viejo totalitarismo y el resto perfilaban el de nuevo cuño a partir del
control institucional y el aleccionamiento en los centros
educativos— o por cualquier otra disposición que viniera
al pelo. La contraposición a la desbordante alegría de los
españoles con los éxitos de su equipo nacional de fútbol,
ondeante en calles, azoteas y balcones la bandera nacional,
era de estilo semántico y fondo simbólico —de muy fácil
penetración en la cotidianidad, en apariencia tan inocente
como identificativa—, llamando "roja" a la selección, por
el color de su camiseta, y "rojos", por asimilación, a los
jugadores.

"Hoy juega la roja", "la roja hace buenos partidos", "la
táctica roja es ganadora", "voy a ver a la roja", "me gusta
el sistema de la roja".

La "roja" por aquí, la "roja" por allá, sin excepción en
los comentaristas deportivos y con pocas excepciones en
el gremio de los comunicadores.

—La mutación es obvia y efectiva: de roja y gualda a
roja, denominación de los titulados progresistas.

—La trasformación no le anda a la zaga: de España a
*estepaís*; denominación de esos mismos pedantes y déspotas de salón dorado.

Perder terreno en las encuestas escuece y alerta; pero
que la pérdida se consume en unas elecciones, aunque sea
al parlamento europeo, duele y enfada. Ha pasado un año
desde las generales cuando el PP reencuentra la senda del
triunfo, con lo que Rajoy consolida su plantel de fieles y
amplia el de arribistas.

"Mariano parecía una mosquita muerta, el segundón discreto y manejable que dice amén a lo que le proponen a diestra y siniestra y buena cara al mal tiempo."

"Mariano se desquitó del sambenito en el congreso de Valencia, allá por el 2008; y desde entonces limpia, fija e imprime carácter."

La recomendación de Mariano Rajoy a los presentes en el XVI congreso del PP era la de mantener el perfil bajo y las medias tintas, o sea, caminar pisando azúcar o huevos, sin hacer ruido, sin molestar a las fieras, sin despertar oposiciones allende la digerible parlamentaria; y cuidado con los nacionalistas, manos tendidas y suave proceder, por si se les requiere para la gobernabilidad de la España fragmentada.

Los acólitos del jefe cabecearon dando su afirmativa sumisión. Antes del citado congreso, en Elche, el mes de abril de 2008, a la vuelta de la esquina la derrota en las elecciones generales, Rajoy pronunció un discurso de esos que la prensa y los militantes catalogan en clave interna, estableciendo las premisas de su mandato al frente del partido y, en consecuencia, la línea política con la que el PP debía afrontar la neonata legislatura. Dijo un envarado Rajoy, en tono que no admite duda, nunca antes —ni después— empleado para dirigirse a su adversario político —si lo era— Rodríguez Zapatero, y en alusión a Esperanza Aguirre, alias *la lideresa*, a los fieles de ésta o a quienes optaran por tendencias liberales o conservadoras o ambas en fusión armónica, que el PP acoge "incluso la socialdemocracia" y que los liberales harían bien en buscar partido lejos del que él preside. Adiós al liberalismo, bienvenida a la socialdemocracia; un calco pragmático del PSOE.

"Luego en España no hay oposición ni alternativa al uso político impuesto desde la Transición, o por ella, pues esos a los que se llama los dos grandes partidos nacionales dibujan una misma conducta ejecutiva."

"Ejecutivo de ejecutar, ¿no?"

"Sí."

"Más claro el agua."

La esperanza de los liberales y los conservadores no registrados en la nómina política, dado el panorama nacional y, más en concreto, el del PP de Rajoy y sus adictos barones territoriales, se apellidaba Aguirre. Ella era el referente de la buena gestión, el artífice del "milagro madrileño", convirtiendo a su región en el motor de la economía nacional y a Madrid, en la parte que le tocaba, en la ciudad abierta a la innovación, la tecnología, al desarrollo y a los emprendedores. Un éxito su gobierno, de ahí que se supusiera que con sus reales modificara la actitud del presidente o lo devolviera a los corrales de la calle Génova para ajuste, revisión completa o pase a la reserva. Pero no. Por las circunstancias que fuesen, la esperanza apellidada Aguirre dio la callada por respuesta y enfiló la proa a su puerto, y al empresariado catalán, con las velas en cuarto menguante.

"A esperar un mejor momento o a verlas venir guarecida en el burladero."

"Desengañada de los apoyos prometidos, que ni estaban ni llegaban."

"Vaya usted a saber."

Puede que Esperanza Aguirre —edificado su reino en este mundo—, hubiera calibrado su poder en un mecanismo tramposo, devorador de iniciativas perjudiciales para el aparato del partido por mucho que gusten a los irreductibles votantes del PP, cada vez más sumidos en el dilema de qué hacer, a quién creer, con quién estar.

Y es que las diferencias políticas de los dos grandes, el partido de las franquicias y el partido de la sustitución de preposiciones, son tan estrechas —o se encuentran tan enlazadas— que se confunden en el electorado refractario a la ideología y nada encandilado por las siglas.

Un electorado, a su vez, rebelde con la corrupción y el negocio terrorífico de los criminales de toda laya.

Algunos políticos de fuste, por sus cargos y notoriedad mediática, pasearon sus "presuntos" delitos por las salas judiciales o por los calabozos y celdas más próximos al lugar de sus fechorías.

"Son pocos."

"Y seleccionados."

Eso de que a todo cerdo le llega su san Martín estaba por ver.

"Si los delincuentes volaran se eclipsaba el cielo."

"Si los pusieran a trabajar se acababan las obras pendientes."

"Si dejáramos de votarles y apoyarles otro gallo nos cantara."

El desfile de políticos imputados por actividades delictivas animaba a los españoles de acendrada honestidad a confiar en el renacimiento de los principios y los valores, en la justicia, en el dicho: el que la hace la paga, y en la ecuanimidad futura del Fiscal General del Estado cuando las urnas decidieran un verdadero cambio de gobierno y un constatable destierro del sectarismo.

También esperaban que algún día, mejor pronto que tarde o nunca, el azote de la crisis económica fuera un episodio superado, con la lección bien aprendida por los ambiciosos de bienes muebles e inmuebles y por los usuarios de las entidades financieras (el común de los mortales), con los banqueros (de bancos y cajas de ahorro) y los políticos y los receptores de dinero público, malversadores en prisión y pagando sus culpas con el producto sustraído de mil maneras.

## Los endemismos

Crisis galopante en España.

"Una guerra civil degenera en varias, simultáneas, en uno de los bandos contendientes en especial."

"Una crisis de la magnitud que aplasta a España y a los españoles conlleva varias, siendo la mayor la que afecta a la nación."

Pero de la crisis nacional había poca noticia, apenas difusión y escasos comentarios en las tertulias y nulos en los parlamentos autonómicos o el Congreso de los Diputados y el Senado.

"Porque en el fondo, créame, los políticos están compinchados; sólo les preocupa su estatus, cómo protegerse en comandita de las críticas foráneas y el continuar succionando de la teta."

"Porque en el fondo y en la superficie, créame, el elector se resigna al mal menor y en vez de dar un golpe sobre la mesa se muerde los labios, aprieta la mandíbula y soporta estoico los embates del engaño, el fraude y la cobardía.

Estoy de acuerdo en su opinión; esté usted de acuerdo con la mía y puede que la siguiente generación nos aplauda el levantamiento de cadáveres y trampillas."

La fórmula magistral —o solución mágica— para salir de las crisis —en plural— es simple: racionalización del gasto público; sinceridad en los balances fiscales, asunción de compromisos liberalizadores de la economía, eliminación de la práctica nepotista, el asesoramiento cortesano y las empresas públicas con un número de consejeros superior al de operarios, técnicos y auxiliares; racionalización de la estructura del Estado, modificando sus dimensiones y la plantilla funcionarial hasta un límite sensato y soportable; y por último, siempre y cuando se consiga lo anterior, fomentar las iniciativas productivas del individuo conducentes a la creación de empleo y riqueza.

"Suena a utopía."

"Ya, pero esta utopía es urgente e imprescindible y desvinculada de los utópicos con tintura bermeja o añil o verdegay o mahón."

No fueron las políticas centristas del PP un dechado de virtudes al respecto, pero apuntaban en esa dirección teórica. En cambio, las políticas socialistas, directas en el significado y escuetas en el significante, abatían las leyes de la oferta y la demanda para promulgar, de hecho y en derecho, la prioridad de la compra de voluntades con pronto pago a los aliados en sus trincheras y demora ante los proveedores contratados para maquillar con publicitados retoques de obra pública subvencionada —planes con las letras del abecedario—, pendiente de devolución los importes avanzados. Pequeños y medianos empresarios, autónomos y particulares, sucumbían a diario por falta de recursos dinerarios que las Administraciones debían abonar.

Sin embargo, el empleo público aumentaba, disparando los costes de personal para unas arcas exhaustas, implorantes de tejido productivo e iniciativas privadas sometidas a tributación.

La crisis había pillado a demasiada gente endeudada ora antes de iniciarse ora en su discurrir absorbente y parsimonioso.

Un discurrir similar al del terrorismo; también semejante al de la ínfula secesionista y su implícito odio a España.


No tuvieron más remedio.

"Qué mala cara traían. Menudo trago."

"No veían la hora con el PP y la tapaban con el amigo socialista. Es que la familia tira mucho."

Los sindicatos UGT y CC.OO. convocaron a regañadientes una huelga general auspiciada, para más camelo, por los dirigentes socialistas en el Gobierno central, los autonómicos y municipales en recesión; por aquello de que el fracaso pasara desapercibido y se hubiera cumplido el expediente de la movilización sindical. Flamearon las banderas al gusto del espectro de izquierda —ninguna nacional— y los pocos manifestantes, en su mayoría, corearon a media voz y sin bilis las consignas de una jornada pactada para la justificación de liberados sindicales, sindicalistas subvencionados y gobernantes compungidos.

"Aquí paz y después gloria."

"Aquí teatro y después a comer, a cobrar y a los cuarteles de invierno."

Débitos de la política al uso. Mañana será otro día y al gobierno entrante le zurrarán la badana.

Los recortes, las reducciones en aspectos sociales o las congelaciones en los salarios de la función pública —asegurada la nómina mes a mes, conste— menudeaban, teñidos de fárrago y edulcorante al ser enunciados por la portavocía de turno, a la par que la protesta cobraba auge en las calles y en los medios con los micrófonos abiertos a la ciudadanía.

El derroche al estilo de los nuevos ricos entregaba una factura impagable.

"Me recuerda el año 1996. Entonces el PSOE nos dejó arruinados."

"Ahora es peor. Estamos en la miseria, debiendo los particulares por encima de lo que podrán pagar con la venta de sus bienes y el Estado en su conjunto con una deuda estratosférica."

Batido el récord de la frivolidad en los hogares y en las Administraciones; y el récord de mosqueo y disgusto por las partidas presupuestarias que se adjudicaba ejercicio a ejercicio el poder político. La de millones de euros inexistentes que van a parar a las formaciones políticas y al entramado de organizaciones en él enraizadas.

"¿Parásitos o lapas?"

"Apéndices y tentáculos."

Tampoco faltaba dinero inexistente en la Hacienda Pública para calmar los insaciables apetitos nacionalistas. La excusa era lo de menos; para ellos había, llegaba. La excusa para dar equivalía, paradojas de la política al uso, a la excusa para recibir; un viaje de ida. Y la sensación en los españoles opuestos a la estólida condescendencia era de atraco con sutileza engolada. Estos españoles reacios a callar y otorgar, impedidos de tribuna, tenían no sólo la certeza sino también la impresión de que servían como carne de cañón, es decir, consumidores, usuarios o compradores de lo producido, ideado, registrado o establecido en los feudos nacionalistas. En resumen: un mercado para los mercaderes que se frotan las manos con su perspicaz forma de negociar.

"Repito: Un discurrir similar al del terrorismo."

"Pero más simpático, con más juego."

El de la pelota en los pies y el comercio en los despachos. La pericia de los nacionalistas para lanzar la moneda y que siempre caiga del lado amable a ojos de los huéspedes es proverbial para sus intereses. Sabedores de que los humanos (incluidos los españoles) a lo largo de sus vidas mudan de aprecios y aficiones, de rostro y de color en cabello o piel, de credo religioso y doctrina política, de pareja estable u ocasional, de nombre y apellidos, pero jamás de equipo de fútbol, emplearon ese ariete para que, llegado el caso, tal visceralidad coadyuvara a la necia ceguera de lo que realmente importa al suelo y al techo que se habita.

El lema no engaña: "Somos más que un club." Las muestras orales y visuales no engañan. La parafernalia propagandista y las proclamas en concierto los partidos clave y las jornadas de culto no engañan.

Se engaña el que quiere, claro está.

Las pitadas al rey en las finales de su copa, la ritual quema de enseñas nacionales e imágenes del monarca y algún personaje que se ponga a tiro de la marea protestante, aliñado con amenazas, injurias y calumnias contra quienes elevan su oposición por encima de las alcantarillas, están ahí, no engañan. Pero no pasa nada, porque en España nunca pasa nada desde 1978; y si pasa, propiciado por los enemigos de la libertad o de la nación, no importa.

Un gran disgusto para los nacionalistas y esa porción de la izquierda afín a ellos en las votaciones y fobias resultó el campeonato mundial de fútbol de 2010. Por si no hubiera bastado la victoria en la Eurocopa de 2008, la del mundial culminaba una andadura exitosa del equipo nacional español. La marea roja y gualda en todos los rincones de España, debida a ese motivo, portada a hombros de las exclamaciones de orgullo patrio, trastocaba los planes de los furibundos enemigos de los símbolos españoles y la presencia masiva en público de ciudadanos satisfechos con su documento nacional de identidad.

"¿Es el renacer español?"

"Si los símbolos continúan en alto y visibles cada 12 de octubre, que no es tanto pedir, lo mismo nos llevamos una grata sorpresa."

Demasiado pedir, a las pruebas nos remitimos.

Ahí estaban los hechos, meridianos en la delación.

Añorantes de una práctica liberticida que causó furor durante la II República y la Guerra Civil, los herederos del Frente Popular quisieron rememorarla, aunque con menos aparato flamígero, en un lugar marcado en sus mapas de operaciones con una cruz gigantesca: La Santa Cruz del Valle de los Caídos. El monumento, aislado él de la mundanal trifulca, sufrió el acoso del socialismo imperante y sus adláteres nacionalistas en esos menesteres. Por primera vez en la democracia, confluyendo el Estado de Derecho, y en el Occidente consagrado a la libertad, un gobierno procedía a cerrar al culto una basílica.

"Había que ver y escuchar a los monjes benedictinos celebrando la misa e impartiendo la comunión a las puertas del Valle y en la explanada posterior, con lluvia, nieve, niebla y frío."

"Había que ver y escuchar a las miles de personas congregadas a la intemperie el tiempo que duró el cerco, y los ataques de palabra y obra, para mostrar ante el mundo, que tomó buena nota a través de las imágenes y los sonidos, la persecución a que era sometida la fe y la historia en un paraje concebido para la espiritualidad y la reconciliación."

La maniobra fue en vano, estéril, reprobada por la inteligencia, el sentimiento y la cultura. No pudo culminarse como había sido planeada —ignorados por negligente vanidad los obstáculos sociales—, pero con el intento no acaba la tentación ni el ansia pertinaz.

Todo sirve para saber quién es quien y lo que pretende.

Entre otras cosas frenar, y a ser posible suprimir, la exposición en la vía pública de los símbolos nacionales, considerándola un abuso. Para la izquierda, y lo que no es izquierda pero como si lo fuera —la tibieza de los pragmáticos—, y el nacionalismo, las muestras pro patria son una ofensa, un agravio, la execrable involución de los fantasmas con sables y cadenas, con los yugos y las flechas. Para la izquierda, nacionalistas, tibios, etcétera, etcétera, la ostentación de hoces y martillos en paño rojo, la de banderas de la II República, la de enseñas independentistas con sello masón, la de cartografías ilusorias, no supone un problema ni miedo ni demostración de un pasado deprimente afecto a la tiranía; aún menos la ocupación de lugares emblemáticos o espacios acotados a unas actividades concretas.

"Es un acoso lo de los nacionalistas."

"Lástima que lo digamos cuatro y maldito el caso que nos hacen."

Se quejan algunas Comunidades Autónomas de lo mucho que dan y lo poco que reciben; se quejan, recurriendo a la evidencia, del pozo sin fondo que suponen algunas Comunidades Autónomas en las que desde hace décadas nunca basta el ingreso de dinero para su despegue o nivelación con las dadoras.

El castillo de naipes se viene abajo; no ha hecho falta que soplara el lobo.

"La pena es que lo que vivimos no sea un cuento."

"Según se mire. Es tan increíble que lo parece."

Increíble pero cierto: funcionarios del ministerio del Interior avisan a los etarras adscritos al departamento de finanzas, cobros y extorsiones, para que escapen de la caza policial; el esperpento vomitivo de los pájaros de cuenta aconteció en un bar.

"¿Increíble? Esto viene de lejos y con antecedentes."

"Recuerda una cena con cacería en la que participaron un ministro, un juez, una fiscal de la Audiencia Nacional y un comisario general."

"La famosa cacería de cérvidos. No dispararon a los faisanes las escopetas progresistas."

El *caso Faisán* rubricaba el "atado y bien atado" de la hoja de ruta entre socialistas y nacionalistas. Como era presumible que en las elecciones generales el batacazo del PSOE llevara en volandas al PP a la Moncloa, por si acaso, había que asegurar la jugada no fuera que a Mariano Rajoy le diera por variar el guion. El ministro del Interior, Alfredo Pérez Rubalcaba movió los hilos y se lavó las manos.

"El tiempo lo cura todo."

"Y a cada uno pone en su lugar."

"Ya me gustaría a mí. Pero no confío y estoy harto de oír milongas."

Otra excusa recurrente en la cotidianidad política servía tanto para un barrido como para un fregado: la del mal menor. Para evitar males mayores había que dejar pasar las infracciones y los delitos que atañeran en su comisión a los segmentos sociales radicalizados de nacionalistas, de izquierda secesionista, de izquierda sindical y de izquierda a secas.

"Hacer la vista gorda."

"Hacer mutis por el foro para no ser testigo del incuestionable quebranto de las leyes."

Para evitar el mal mayor había que dejar sin castigo los delitos.

"¿Eso es propio de una sociedad civilizada?"

"Es propio de una sociedad descompuesta y rendida."

La disculpa a las acciones vandálicas contra la propiedad privada y el mobiliario urbano y las atentatorias a la dignidad nacional era generalizada e inmediata a su realización, con las frases manidas en boca de los portavoces de los grupos políticos parlamentarios —con excepciones harto minoritarias— que a la decencia asquean. Un ensayo con vestuario de función inaugural de lo que se preparaba si cuando ganara las elecciones el PP decidía restringir, con la ley en la mano, las acciones y omisiones de esos segmentos agitadores.

Advertido estaba el PP y los aliados que precisara para formar gobierno.

"Indignante."

"No hay derecho."

La victoria del PP en las elecciones locales y autonómicas de 2011 agravaba el estado del paciente; ese era el mensaje subliminal de la estrategia asambleísta de grupos organizados y dirigidos por la izquierda hegemónica. "La derecha nunca es la solución", "la derecha es la principal causa del problema", "con la derecha el pueblo sufre y pierde." Y la derecha, apegada al silencio contemplativo, aguardaba el milagro de la conversión. "Hasta los recalcitrantes se darán cuenta algún día de sus defectos y de nuestras virtudes", soñaban los optimistas y los medrosos de la calle Génova, asesorados por la evanescente idiosincrasia del mimado gabinete de consoladores in situ.

"¿Creerán eso de: dejad que vengan a mí?"

"¿Creerán eso de: con el perfil bajo se llega antes a la confianza y al voto?"

"El pensamiento de la jefatura del PP es un misterio sin resolver para los politólogos."

Suspicacias a un lado, el ambiente en la calle reclamaba atención y medidas de seguridad. El descontento ciudadano hacia la gestión y desenvolvimiento de los gobiernos socialistas presididos por Rodríguez Zapatero, auguraba un triunfo electoral sin precedentes para los populares de Rajoy; lo que interpretado en pasiva vaticinaba una derrota espectacular del socialismo federado. Para evitar en lo posible una gran diferencia de votos y la sensación de castigo a los responsables del deterioro social, el desmantelamiento del Estado en los capítulos de síntesis y la ruina de hogares, empresas y familias, la receta prodigiosa consistía en presentar a la vista del mundo próximo y remoto —unificadas las movilizaciones y las estancias sedentarias en el ámbito internacional—, una constante de protestas y ocupaciones, con iniciativas conjuntadas desde una tribuna situada a posta, en los alrededores de los centros de poder o lugares de por sí concurridos, visitados y atrayentes a un público heterogéneo y las cámaras de televisión. De esta manera, si no sutil al menos efectista, la indignación de millones de personas se plasmaba por delegación en los actores que asistían a diario al teatro de operaciones, tecnología en ristre. La buena fe de unos exigiendo cambios y soluciones liberadas de ideología o comercio afluyó, cual lo presupuestado, en el cauce de la eximente de responsabilidad básica a la izquierda socialista.

"La culpa es del capitalismo." "La culpa es de la derecha." "La culpa es de las políticas antisociales." "La culpa es de los mercados." "Vosotros, fascistas, sois los terroristas."

Hubo sus dimes y diretes, quizá algún conato de ajuste de cuentas o alguna reyerta hija de la frustración y del engaño al proclamar los objetivos —desplazada su trascendencia a los medios digitales o a las emisiones minoritarias en cuanto a audiencia— entre los pioneros a las concentraciones y asambleas en el ágora de las respectivas localidades. Hubo prontas deserciones, numerosas al cabo, tras comprobar la orquestada movilización.

No vale la pena preguntarse por qué no antes la sonada disconformidad; por qué en la época socialista de Rodríguez Zapatero y Rubalcaba como factótum, la agitación, de haberla, se producía en un vaso de agua; o por qué el malestar, obvio y tangible, no repercutía en la bicefalia gubernamental y sus satélites en el Consejo de ministros y en las direcciones generales. Tiempo perdido el que se dedique a tales cuestiones con los ojos cerrados y la ideología a cuestas. Basta comprobar quiénes son los beneficiarios de una actuación concreta, propagandista, revolucionaria o, sin trámite previo, criminal, para descubrir el móvil. Es fácil averiguar lo que se desea conocer si permanecen los ojos abiertos y la ideología y el sectarismo cerrados en un contenedor de materia radiactiva.

Reducida la ocupación de la vía pública a unos centenares de activistas consignados, la normalidad ciudadana despertó de su letargo transigente. Las urnas, en, digamos, la primera vuelta, habían dejado un mensaje nítido. Si bien el tradicional votante del PP, englobado en la clase media, el tendente al centrismo o a la socialdemocracia en su órbita más próxima a éste y ese otro adscrito al indeterminismo hasta el último momento, querían ley y orden en las calles y en la función pública, era poca o mínima la confianza hacia las siglas que prometían tal aspiración de convivencia y progreso —las únicas capaces de asumir el gobierno de la sacudida nación una vez desalojado del mismo la federación de partidos socialistas. Ganas de cambio sobraban, eran patentes; pero crecían las dudas en la firmeza del pulso de los dirigentes del PP, en especial el de su presidente, para afrontar los retos y enderezar los entuertos prohijados por el socialismo hegemónico.

Los millones de parados y los continuos casos de corrupción política: dinero, tráfico de influencias, suelo e inmuebles, anegaban un terreno encharcado. Los aforados apelaban a la graciosa condición para demorar el proceso hasta los albores de la prescripción.

"Está claro para qué han entrado en política algunos."

"Y por qué a ella se aferran con la cabeza, el tronco y las extremidades."

El yerno vasco del rey sumaba puntos para liderar la lista de los más activos en la tarea de acopio, fuga, burla, ocultación y dispendio, asesorado por luminarias palaciegas y una esposa, Infanta ella, recriada en el seno de la Caja de ahorros y pensiones de Barcelona, alias *La Caixa*; de casta le viene al galgo, y en esta vida todo se contagia menos la hermosura.

"Un grano de arena en una playa inmensa. Con la que está cayendo y la que nos viene encima, ciertos asuntos parecen cosa de chiste."

"Nada de eso. Todas las patologías son graves cuando falla o falta el dictamen, la prescripción y los medios para combatirlas."

Las patologías son irreversibles, y mortales, cuando pudiendo atajarlas o se ignoran o se toleran o se participan. Nunca es tarde si la dicha es buena, reza el aforismo; aun suponiendo que fuera así, vamos, que hubiera tiempo para rectificar, condenar, sancionar y reponer, es precisa una voluntad en demasía ausente por vacaciones.

"¿Por lo de la ETA, verdad?"

"Para muestra un botón, grande y redondo."

El entramado sociopolítico etarra lo había conseguido, retornaba en son de triunfo a las instituciones con una declaración de tregua definitiva condicionada a la realización de sus objetivos en fases y el permiso solemne del Tribunal Constitucional. La política de mano tendida hacia la integración y pacto encubierto con el entorno terrorista, la mitificada hoja de ruta negociada a bandas y en mesas, firmaba el pase a la legalidad de los que hacen mofa y befa de la ley, los tribunales, las víctimas y los organismos; salvo los internacionales que, colocada la alfombra roja aquí y allá, saludan la buena nueva en recepciones de gobierno autonómico con paseos y fotos. Los mediadores internacionales en el conflicto vasco —solicitados por los criminales y sus cómplices, aceptados por nacionalistas, tibios y socialistas— picaron al morlaco español con la vara de sangre y fuego, rieron, brindaron y partieron a desempeñar quehaceres lucrativos con el saldo a su favor.

"Qué triste", "qué doloroso", "qué asco", "qué vergüenza".

—Era de esperar tras muchos años cuesta abajo.

—Más que los hechos, duele la resignación, el conformismo de hombros caídos y la táctica del avestruz.

El PP ganó con holgura las elecciones anticipadas al Congreso y el Senado celebradas en noviembre de 2011. El partido socialista aceleró su descomposición, pareja a la de España, aunque más aparente que real según indica su historia. Los resultados dieron que hablar y que pensar a los analistas políticos y a los opinantes de cualquier asunto.

Comenzaba una etapa nueva —¿nueva?—, con expectativas de cambio y mejora. Los malos vientos económicos que asolaban la Europa meridional y la isla esmeralda, complicaban una recuperación a todos los niveles imprescindible para España y los españoles que se preguntaban si el futuro iba a decidir lo mismo que las urnas.

# Epílogo a la crónica

Paseamos a nuestro aire, en lo posible ausentes de los malos humos que flanquean el declive, comprobando los frutos de la Transición. Los que todavía penden de ramas combadas, agostado el tronco, imitan a la parentela fenecida: caen al suelo a unos metros por delante de nuestros cuerpos, despedidos de la vida pero aún vengativos, supurando odio, amorfos y podridos; hieden la atmósfera y manchan el horizonte. La ficción, de nuevo, supera la realidad y no se detiene en mitad del puente.

—No le vamos a gustar a nadie cobijado en el poder y aledaños.

—Estupendo. Buen trabajo.

Desde 1976, España ha ido en remisión.

Hay quien piensa —y dice con la voz entreverada de tristeza y enojo— que España, la nación española, veterana, paciente y madre, murió el 6 de diciembre de 1978 y fue enterrada entre el 11 y el 14 de marzo de 2004. De los atentados surgió un régimen, antiguo en su concepción, en el que y por resumir los despropósitos y las aberraciones, desaparecen los documentos de cargo contra los dirigentes políticos anclados en las Instituciones y Organismos del Estado, se avala con la excusa que apetezca la insumisión a las sentencias judiciales o se tolera el ataque feroz y contumaz a España y sus símbolos.

Acabar con España es una vieja aspiración horneada entre vecinos, iluminados y envidiosos, en tenidas, conciliábulos y parlamentos.

Hoy, un día cualquiera de un año en curso, persiste la fuerte marejada de agitación y propaganda, aunque con un matiz distintivo acorde con los tiempos: el dinero. Nunca lo hay bastante, nunca es suficiente para aplacar la gula de los exigentes acreedores. Pero, nos preguntamos, ¿quién debe a quien?; y, ¿hasta cuándo la deuda?

Por ende, también nos gustaría saber hasta cuándo esos nombres de la política que fueron, provocaron adhesiones y centraron las expectativas de millones de españoles, ocuparán lugar preferente en las listas electorales del partido que los usa para camuflar la "obligación" con la "devoción". Son sólo nombres, en definitiva, aves de paso transitando de los parajes de verano a los de invierno, ardides de la recíproca conveniencia, pero con su participación en el fraude suman engaños y agrandan la decepción de los votantes.

Los ojos abiertos enseñan una realidad cruda que no debiera soslayarse: mientras unos matan para lograr sus objetivos, y a fe que lo consiguen, otros no dejan vivir para alcanzar algo parecido o idéntico, con éxito. A la maniobra se le denomina conflicto, que una vez internacionalizado, por si no bastara la cesión permanente de los gobiernos centrales, formaliza una situación que en origen fue aceptada por quienes elaboraron el marco legal y desarrollaron los códigos y los reglamentos para la convivencia. Culpables del rey abajo; pues, a la postre, cada pueblo tiene lo que se merece y que cada palo —para flagelarse o felicitarse— aguante su vela.

Falta dignidad y sobran traiciones. El ejemplo que cunde no es el apropiado para que remen en la misma dirección y a la vez los pasajeros de la nave. Desde el poder ejecutivo y la Corona, con alternancia de voces atipladas y paternales, piden muy gravosos sacrificios a la clase media y a la gente de bien allá donde se encuentre. La demanda de esfuerzo y asentimiento fluye a través de los cauces preparados al efecto, medios y comunicadores cuya responsabilidad es limitada y subsidiaria y el pago pronto.

Demasiada fuerza tirando hacia el mismo lado, y no por casualidad o cálculo erróneo: el que escora la nave. El pasaje, confiado a la guía de la electa tripulación, advierte tarde y entre brumas la encrucijada.

¿Y ahora qué?

La esperanza es lo último que se pierde cuando ya no queda tabla de salvación a la que aferrarse. O dejarse llevar o nadar a contracorriente; ¿qué es peor? Aguanta y sigue, qué importa el destino, o planta cara, razones y argumentos liberado de lastres; ¿qué será mejor llegados a este punto?

Borrón y cuenta nueva.

Han sido pasadas tantas páginas y pegadas tantas alfombras a los suelos de mármol, cerámica y parqué que España ha perdido el rumbo; ya ha sido tan prolífica la tarea de adoctrinamiento en la desnaturalización y el enfrentamiento que los españoles han perdido su historia. Una generación (quizá dos o tres) que ni estudia ni trabaja nos contempla, resignada sin hacer ascos a la obediencia ciega y al hedonismo programado; a cambio de una falacia, una generación (y más) resuelve su futuro encomendada a la voluntad de los manipuladores.

Pero la culpa de lo que es y pasa, como la derrota, carece de padres.

¿A quién achacar el fracaso o la ruina cuando el reflejo del espejo ofrece la imagen personalizada del coautor, del cómplice y del encubridor?

Sin embargo, lucen los semblantes con las victorias deportivas del equipo de los amores. Se esfuman los pesares con ese gol celebrado a bombo y platillo, se aplazan los deberes y se rellena el consuelo; hasta el próximo vaciado hay tiempo para rezar, para implorar, para maldecir, para limosnear o para un sueño reconfortante en colores de papel moneda.

Pan y circo. Fútbol es pasión y sentimiento, la válvula de escape antaño criticada y hogaño venerada. Que no falte en pantalla o se arma la de san Quintín. Hay cosas peores que las rivalidades auspiciadas que, paradojas de la sociedad, aúnan a partir del ferviente deseo por vencer en campo contrario. ¡Bendita liga!, médico de urgencia, fármaco milagroso. De España, en breve, sólo quedará el armazón de un negocio incesante.

De los españoles, puede, sólo el recuerdo.

Somos pasado, ha calado la idea. En el ánimo de los españoles ha calado la idea de que los hay de primera, de segunda y de tercera categoría; lo que, por otra parte, es una constatación del manejo político. Es muy rentable ser enemigo de España y traslucirlo en cada momento con cualquier arma al alcance de la boca o de las manos; basta un chasquido con los dedos pulgar y medio para que un enjambre de micrófonos, cámaras y grabadoras testifiquen las declaraciones del portavoz de turno, altisonantes, jactanciosas, teñidas de victimismo; lo que no sucede si el testimonio, la denuncia o la respuesta directa proviene de un español ejerciente sin cargo ni prebenda.

A esta situación impregnada de infamia ha llegado España.

Mueve al desprecio, cómo si no expresarlo, las posturas a toro pasado de algunos dirigentes políticos que cuando pudieron no actuaron según reclaman en el presente. Lo que acontece hoy es el producto de ayer; ya no hay vestiduras que rasgar sino perdón que pedir con la cara llena de vergüenza y un poso de humildad. Pero eso es aún más utópico que la conversión de los responsables de la tragedia.

De primera, de segunda o de tercera; esta es la clasificación de los españoles —léase los habitantes de España—, con relación a la materia fiscal y su peso en las decisiones que les afectan con incisivo realismo. De primera: los enemigos internos; de segunda: los enemigos externos y los adictos a las componendas en detrimento de la nación española; de tercera: los españoles. Ha calado en el imaginario del conjunto que en esta España moldeada en la Transición, los ciudadanos de primera y en alguna medida los de segunda no son exactamente españoles, lo que les reporta ciertos privilegios que los demás, ciudadanos de tercera, deben entender, asumir y costear. *¡O tempora o mores!* La costumbre de este tiempo es la que es y a quien no guste que no mire, calle o se marche, el poder político *dixit*.

Sí, en verdad España es diferente. Una España en la que no importa que la ley se incumpla o que las sentencias judiciales se ignoren, siempre y cuando los infractores y los distraídos jueguen con una baraja de cartas marcadas en rojo revolucionario o azul aristócrata, dispongan de partidas presupuestarias e influencia política bastante como para dilatar los procesos hasta que suene la bocina de la prescripción o decantar balanzas y balances.

Duerma el pueblo la siesta y deje correr el agua.

Ruido, agitación. Consignas, pancartas, manifestaciones al por mayor con un destinatario único, que disculpa a posteriori a la izquierda social y política lo que a priori achaca a la derecha política. Los de siempre prenden la mecha y se agazapan en cubículos muelles financiados por el contribuyente a resguardo de inclemencias y piedras de los que las tiran y esconden la mano; la coacción es el método elegido para conservar el estatus de permisividad y subvención.

Corrientes centrífugas en el mapa, contra España, y en las calles, contra un sistema viciado en origen. Los defectos aparecen en la forma y en el fondo: en la forma, porque una ausencia de legitimidad socava el imperio de la ley; en el fondo, porque la politización de la Justicia anula el Estado de Derecho y la supresión de artículos claves en el código penal exime de culpa y pena a futuras acciones hasta ayer delictivas.

En un ecosistema determinado, la introducción de especies foráneas altera el natural modo de vida de los organismos autóctonos. Desde hace décadas, tantas como contar se quiera, la política ha penetrado las Instituciones y Organismos, colocando en el lugar pertinente las piezas que mantienen o deterioran el mecanismo de convivencia; a modo de ejemplo, el Tribunal Constitucional o los Consejos audiovisuales. El reparto de papeles compete al poder político, la asignación de recursos también y de igual manera la selección de los profesionales de la política al uso, insignificantes más allá del cargo atribuido y la misión encomendada, pero mortíferos para la sociedad que los nutre.

Dame pan y dime tonto, sonríen los afortunados en la tómbola política. El pueblo lo soporta todo y olvida con una facilidad pasmosa, confían ellos desde sus retiros lujosos, con sus pagas garantizadas, coches oficiales, secretarias y escoltas. Terapia de ocio y negocio.

La marca España está devaluada en el mercado interior —vaya novedad—, mientras cotiza a la baja en los mercados internacionales —vaya sorpresa.

Tampoco en esto hay acuerdo ni lo habrá llegado donde estamos. Entre las Comunidades Autónomas prima la rivalidad: tú me compras, tú me suministras, tú siembras y yo cosecho; por las distintas Administraciones del Estado circula un virus desintegrador. El marco ideal para ofrecer al mundo la marca España.

El problema está en casa, dueño y señor de nuestro destino nacional. La patología campa a sus anchas con el camino expedito para conquistar la última frontera, si no ha caído ya y aguarda ser publicitada en un cajón de amplio fondo. Todo mal si no se ataja a tiempo, o no hay voluntad para de él librarse con extracciones o amputaciones, acaba por vencer. Entonces, lamentos aparte —euforias a un lado—, ni agujas ni suturas salvan al paciente, suponiendo que eso fuera lo deseado.

Septiembre de 2012.

# Ensayo sobre la historia de España de 1976 a 2011

## La dimensión del servicio público

La pregunta: ¿qué puedo hacer por mi nación-patria?, es la antítesis de las preguntas: ¿qué va a hacer este país por mí?, ¿qué puedo sacarle en mi propio beneficio? La literalidad es elocuente, pero mucho más la puesta en práctica de cada opción. Los alemanes que conoció y gobernó Konrad Adenauer o los estadounidenses norteamericanos que conoció y gobernó John Fitzgerald Kennedy, ambos católicos no por casualidad —pero con hartas divergencias en el ejercicio de la fe y la vida privada, así como en los discursos a las masas—, creían en sus naciones-patrias y aplicaron el esfuerzo y el orgullo patriótico para levantarlas, caso paradigmático el de Alemania tras la II Guerra Mundial, y afianzarlas en la defensa activa de principios y valores de convivencia y libertad. La gran mayoría de alemanes y la inmensa mayoría de estadounidenses norteamericanos, por lo menos hasta hace poco tiempo, se declaran orgullosos de su patria y dispuestos al sacrificio para situarla en lo más alto de la escala competitiva mundial.

Qué envidia.

El español, dicho en género neutro y generalizando, quizá debido a una abundancia de sangre mediterránea septentrional y meridional, busca a quien seguir, en quien apoyarse y de dónde sacar, en cuanto traspasa el umbral de su vivienda; las honrosas excepciones a una regla consolidada en la cotidianidad del pueblo español, avatares de la historia incluidos, dan ejemplo sobrado y muy remarcable de lo que consigue la persona que se propone valerse por sí mismo creyendo en la propia capacidad e impulsándose por él mismo.

Trasladado lo anterior al estricto ámbito del ejercicio de la política en curso, las preguntas en litigio adquieren un significado absoluto: ¿el ansia de ocupar plaza a cargo de los presupuestos de las arias administraciones es hereditaria, se debe a un influjo de cosmogonía local, a una simbiosis elaborada a partir de la adaptación al medio o simple y llanamente se trata de un mero negocio que, a resultas de la habilidad, el servilismo con cláusula de reversión y/o la falta de escrúpulos, proporciona una salida rentable al proceloso trajinar mundano para recibir y figurar?

El análisis de los comportamientos aflora otra disyuntiva que volvemos a configurar como pregunta: ¿vivir para los demás o vivir de los demás, con la manida excusa de la vocación de servicio público? Por partes.

El altruismo es una virtud gravosa, las más de las veces espontánea en su realización, originada en un espíritu intrínsecamente generoso que recibe la compensación a sus actos —siempre encaminados al mismo fin— por el bienestar que dispensa a los semejantes. Dar comida, vestido, consuelo, esperanza, formación, apoyo económico y moral, aportar soluciones y caminos accesibles desde la esfera íntima a quien no tiene o no lo suficiente para vivir con dignidad es una actitud caritativa, bondadosa, de verdadera solidaridad no alardeada y merecedora de elogio sin reservas ni celos por usurpación de funciones retribuidas. Se trata de entregar por virtud de una conducta modélica, compartiendo materia y sentimientos con el prójimo.

El oportunismo tiende a lo contrario. Acopiar bienes, cargos y prebendas de la cosa pública, de la filantropía o del credo benéfico para uso y disfrute privativo es miserable, mezquino, infame y el pan nuestro de cada día; tan sólo hay que poner ojos y oídos para darse cuenta de la extensión. Pero tal actividad no concita un rechazo social ni del gremio político expreso, sino una adhesión creciente y un interés manifiesto en su generalización hasta que el cupo desborde el recipiente. ¡Creced y multiplicaos! Fomentando el número se afianza el cuerpo electoral, sea cual fuere el nivel votante de participación, y la masa de seguidores hacia la oferta. Porque en realidad la oferta es una, siempre circunscrita a la función ideada por los creadores, patrocinadores y continuadores de la magna obra de asimilación.

No es preciso un pormenorizado estudio que revele los deseos de un grupo en apariencia heterogéneo, asentado, organizado y dirigido, para conocerlos de antemano; lo dicta la inteligencia de quien la tiene y pone en juego para satisfacer una empresa determinada, antigua como las relaciones humanas, cíclica como las estaciones y ambiciosa como la vanidad: la conducción política de una sociedad dada. Saberse imprescindible y superior al resto es el punto de partida de esta aventura; así se define el cabecilla de la tribu —vulgo líder de la manada— y así lo asume el conjunto y los ingentes aledaños del poder.

Pero antes de posar la crítica en esta consecuencia evidenciada por la historia, nos fijamos en el relato de la aventura individual destinada al servicio público desde la llamada vocación. Ciertas personas sienten atracción hacia la *res publica*, al igual que otras personas sienten la atracción que desprende el mundo de la empresa, y se encaminan a consumar el larvado, naciente o postergado anhelo emprendedor, de iniciativa privada, allá donde es posible. Cada cual elige lo más asequible a su radio de acción, y a cuanto esté dispuesto a dedicar en tiempo y contactos, y al imprescindible sacrificio de cuerpo y mente para conseguir alcanzar la meta; en realidad, la primera de las muchas metas volantes que jalonan el largo camino de la realización personal en el ámbito privado. El proceso de aprendizaje abarca una cuadrícula compuesta por vías rápidas y vías lentas, convergiendo en el vértice itinerante, plagado de pruebas reiterativas y controles inesperados, forzando la paciencia tanto como la pericia, pues no todos los convocados serán elegidos ni premiados con el éxito.

La atinada conclusión, ya en los pasadizos del entramado de una organización con marchamo político, es que no se elige sino que te eligen. Para alcanzar el estatus de voz y voto, la militancia ha de ser reconocida y alabada en un grado que no suponga peligro para la jerarquía en cada momento de la historia. Discreción, prontitud y eficacia al gestionar las tareas encomendadas es básico. Nadie ausente de un registro de sociabilidad homologado por los hacedores de etiquetas —en el que se inscribe toda persona sociable— o tendente a la misantropía sin la anuencia del avalista y un currículum que quisiera para sí cada cargo institucionalizado, cabe en la organización. Tampoco, en primera instancia, los versos sueltos a la hora de ser y estar en la causa común; que, a la postre, juegan un papel de utilidad de limitado recorrido y notorio riesgo.

La obediencia es acatamiento en plantas, pasillos y despachos; la disciplina es silencio y conformidad perfilada en los marcos de las puertas y las ventanas.

El nuevo-pupilo-aprendiz-mancebo de tarea múltiple y oscura, intuye que al penetrar en la antesala del poder —cualquier poder con la vitola de "político"— pisa una superficie deslizante, prontamente quebradiza y harto discrecional. El acogido en el seno de la organización reparte gratitud interna y externa, alabando su suerte: "Lo he logrado", se dice, se anima, se convence. Cierto, en teoría. Se ha dado el segundo paso. "Por Dios, por mi mentor, por la diosa Fortuna, que no lo dé mal." Un tropiezo en el peldaño afilado, una salida de tono, una atribución no concedida, un razonamiento contrario a la didáctica del ideario en práctica, pueden acabar con las aspiraciones del bisoño. "*Imperatrix Mundi*, suplico acudas en mi rescate." Los arcos de entrada al recinto de los prodigios son vislumbrados por ese par de ojos abiertos hasta el dolor. Emociones en liza atropelladas en la cabeza de la pieza novel pugnan por evitar el ridículo en su estreno —¿o preestreno?—, candidato al premio de la constancia, al premio de la perseverante conducta por agradar —cuán importante resulta lo de caer en gracia a quienes deciden el futuro— y al premio de consolación, que no por recibir una denominación peyorativa es menos jugoso en el cómputo final del proceso introductorio.

"Quiero servir." Vocación de servicio indistinta: la pública inicial, forjada en la utopía; y la privada que posibilita el ascenso a la responsabilidad pública adscrita a la organización interna de la formación política, registrado con cuño de entrada en alguna de las plataformas de la comunicación extramuros.

"Quiero demostrar mi valía", o su equivalente, "quiero hacerme valer", rezan en el programa del aspirante a inscribir su nombre en la nómina.

"Busca contactos", "muévete", "levántate y anda" y frases por el estilo inciden en el proceder del nuevo, cada día algo menos virgen en el trato y la experiencia, como cabe suponer. Adelante.

Siempre avanzando, con el punto de mira por delante de la competencia.

"¿Es esto lo que deseas?, ¿se cumple tu sueño?, ¿es esto lo que esperabas?", preguntas que aun siendo certeras y dignas de respuesta concisa y veraz, ocupan la retaguardia en las prioridades del neófito, no obstante cada día más integrado en la estructura y modos de la organización.

La lectura entre líneas, la escucha entre voces; asimismo el dejarse ver, la apuesta a caballo ganador aunque sea una constante para la mayoría de conocidos, amigos, extraños o compañeros en el mismo plano; y también la incondicional participación a instancia de requerimiento en lo que se proponga ayuda a comprender la mecánica de la actuación diaria tanto como a figurar, y puede que destacar, en la lista cerrada de los candidatos para desempeños de enjundia, de los que acopian prestigio entre los ojeadores de la autoridad.

"Voy, me ofrezco, yo lo hago, es mi turno, me apunto", expresiones claves para la conquista de los factores que redundan en la consecución del objetivo.

Un objetivo que tiende al desdoblamiento, quizá porque la tentación es irresistible —lo fue para Oscar Wilde, lo es para casi todo el mundo— y la ambición un concepto ambiguo, de canje y encaje, deformado por el uso espurio. Un objetivo frecuentemente en precario, a merced del viento de las encuestas y el aliento de las camarillas.

La disyuntiva radica en las preposiciones para o de: vivir para o vivir de. Max Weber distinguió con crudo señalamiento el vivir para la política de su antónimo el vivir de la política. No debiera haber conexiones entre estilos diametralmente opuestos; aunque, justo es reconocerlo, la aproximación entre ellas e incluso el abordaje no pasa desapercibido al contribuyente. Qué fácil y disculpable es desviarse de la senda honesta, el aburrido trayecto de la honradez, o, sin llegar a la consumación, poner la nariz y las dos piernas en la divisoria, experimentando el cosquilleo del ocioso reclamo. Una voz dice: "no sucumbas"; la voz que actúa a la contra dice: "total, ¿qué puedes perder por inmiscuirte en la zona privilegiada?" Luego, participa en el satírico duelo de recomendaciones la cuestión de los derechos y obligaciones: "Es tu obligación...", mientras en un extremo del campo de batalla repica la campana de la libertad: "tienes derecho a..."

Sentimientos enfrentados en busca de un pensamiento que los avenga; una historia personal basada en el conflicto. ¿Aparece el conflicto? Si se trata de un sentimiento no hay conflicto, pero en el caso de un pensamiento la devoción, la vocación y la oportunidad esgrimen una competencia a cara de perro, con alternativas en el marcador, propinando ese quebradero de cabeza que mezcla con imparcialidad a los litigantes. ¡A ver quién se lleva el gato al agua!

A todo eso, ¿dónde queda la convicción y dónde la ideología? Suponiendo que las ideologías perduren en igualdad de condiciones a lo largo del siglo XXI, la profundidad de una y de la otra decidirá en buena medida el curso de la historia personal del ahora  principiante.

La convicción impulsa a un servicio público exento de egoísmo material, si el emisor aún no se ha maleado, al igual que a relacionarse para desarrollar la sociabilidad, las ideas, la interpretación del mundo y, en una catalogación paralela, a compartir y participar de inquietudes ajenas, sugerencias, iniciativas en sintonía grupal y, por no seguir con el desglose, reflexiones en voz alta. Desde el convencimiento se afirma la vocación y se subraya en ceremonia solemne, con o sin testigos, que el servicio a los demás es altruista, aprendiendo y aplicando hasta la profesionalización.

La vocación de algunos —cuyo número siendo predecible es de un cálculo farragoso, decididamente innecesario para una estadística fiable— nace con el uso. ¿Es incongruente la frase? No suena incoherente una pregunta, emparentada con la vis cómica, que la moda introdujo en las conversaciones del lenguaje coloquial: ¿El político nace o se hace? Recuerda aquella de: ¿Estudias o trabajas?; aquella de: ¿Vienes mucho por aquí?; y la frase comodín que aísla y posiciona sin ofender en exceso: Dile que estoy reunido. Los significados de antigua raigambre sólo alarman a los manipuladores, a los hipócritas y a los suscritos al *ex novo*, caso paradigmático el de los marxistas de toda laya.

Hay una dedicación plena y aislada de horarios convencionales en el ser humano vocacional de la política. "Ha nacido político además de sociable (*zoon politikón*, en definición de Aristóteles)", se dirá al cabo del tiempo. Las trazas en su carácter eran patentes en la infancia y las líneas de actuación en el ámbito de servicio público, por ejemplo la escuela, dejaron constancia de una personalidad dirigente.

Suponiendo un gallo por corral, es decir, una voz y un gesto político por aula o por grupo de afinidad, el grupo sigue, apoya, coincide en sus propuestas o anima de palabra y obra a quien de modo tácito —sin acciones directas de confirmación— o expreso, es el elegido como representante en todas las parcelas que requieren decisiones, acuerdos e iniciativas. Ha surgido en ese grupo la dependencia al líder; quizá no lo sabían sus integrantes, felices en la ignorancia, pero de repente cada uno de sus integrantes con su incipiente mundo a cuestas y sumados para como masa minorar su desvalimiento, sintió la orfandad de guía en el más intrincado de los viajes, una carencia a partir de entonces insoportable.

"Tú eres el elegido. A ti te han elegido. En ti recae la elección."

Izado a una tribuna improvisada, en función ambivalente de atalaya y estrado, el parlamentario concita en su persona la atracción de quienes erigen la posición elevada que permite mirar en todas direcciones con menos estorbos, y a la cabeza sobresalir del resto en homónimo símil. Habla con serenidad y fluidez de lo que le parece conveniente trasladar a los oídos que pueden hacer posible las lógicas demandas del conjunto humano, ya organizado con alguna independencia en su estructura básica. Tablas y oratoria: "¿Me entendéis?", "¿Estáis conformes con mi idea, con mi plan, con mi deseo?", preguntas formuladas de carrerilla en el idioma que la edad marca, tomadas de voces curtidas en la retórica que sonaba cotidiana en los espacios donde se curiosea para aprender. Cuenta el líder a ese auditorio expectante lo que propone y para lo que se dispone, alegando en su favor, por si ronda alguna duda disidente, ácrata o nihilista, que las causas enumeradas, a las que se entregará consciente de su valía y el refrendo popular, instituyen su persona como delegado, como el mediador y como la voz autorizada ante la superioridad.

En la antigüedad documentada por estudiosos y por humanistas, ciencia y mito, cada uno con la didáctica que le es propia, establecen el diagrama de conexión entre los diferentes componentes del grupo humano que, una vez superado el proceso constituyente, continúan el desarrollo vital comunitario desde los engarces que explican, defienden y dirigen al conjunto. Estamento, casta y sociedad civil, conviven en una armoniosa suficiencia organizada: esto somos, esto tenemos, esto es lo que haremos y esto lo que obtendremos. El triángulo puede contemplarse en vertical o en horizontal, en dos o tres dimensiones, da lo mismo siempre que se entienda la interrelación que une los segmentos: la sociedad civil —que es el sector más numeroso pero menos dirimente— sustenta al estamento militar —que es el núcleo de conquista, de la defensa, de garantía territorial y de afianzamiento del poder político— y a la casta que manda sobre todas las organizaciones y personas, administra y gestiona los bienes, medios y recursos decidiendo sobre el presente y el futuro desde las variables en consideración. La necesidad, la ambición y las inefables circunstancias, reúnen a la sociedad civil, antes dispersa o anárquica en sus modos y en su trato, en una superficie habitable, conglomerado de artes, oficios, picardías, innovaciones y aventuras, bajo la tutela de un poder adjudicado a quienes se reconoce con capacidad para conducir y gobernar, con unas normas de relación social, comercio interior y exterior, llegado el caso, y servicio público e intereses privados, adaptadas a la geografía, al clima y a los recursos naturales conocidos y por descubrir. Supeditación en torno a un eje más o menos tangible en la medida que concierne a los asuntos humanos e intangible, con arcano privilegio, en la competencia con lo sobrenatural. Los gobernantes pueden ser de diversos tipos: intelectuales, aventureros, héroes, prófugos de una justicia precedente, comerciantes, militares, eclesiásticos, místicos, sabios, revolucionarios, científicos, filósofos, jóvenes adultos o ancianos que saben de la vida por la ingesta del elixir de la experiencia ; provenir de varios medios y actuar al amparo de la luz o de la sombra; hasta que el poder los refunde y arma en una clase dirigente, también calificada como secta por su exclusividad y modos crípticos en el manejo de las situaciones. Pero la selección continúa implacable, metódica, aunque con unas reglas inherentes a su trascendencia y no cesa mientras la cúspide no tenga un nombre o dos o tres —en sustitución obligada— que luzcan para ornato de los agraciados y de la posteridad divulgada por los cronistas oficiales a sueldo; sobre los otros cronistas recae la censura previa.

Llegar a la última esfera o llegar a ser dios es la meta.

La política es Platón, Aristóteles, san Agustín, Cicerón, santo Tomás, Marsilio de Inghen o Francisco Suárez, por ejemplo; y también Thomas Hobbes, John Locke, Jean Jacques Rousseau, Francisco de Vitoria, Karl Marx o Juan Pablo II. Políticos somos todos, con mayor o menor racionalidad en nuestra gestión, con sinceridad o artificio, y hacemos política a diario porque lo requiere la convivencia y el espíritu social que nos mueve a ubicarnos en una plaza libre, preferiblemente bien situada, en el teatro del mundo y sus anejos intramuros.

La política es una suerte de prestidigitación donde la componenda se confunde y aovilla, de manera intencionada por los actores en liza, con la razón de Estado, la división de poderes, la lucha de clases, el imperio de la ley, la partidocracia, la minoración de la regulación administrativa o el advenimiento del socialismo real redimidor de aflicciones, impulsor de vanidades y codicias e igualitario en todas las miserias para los sometidos.

El devenir de la historia ha moldeado la idea a la cosa. Dicho en otras palabras, la teoría política se ha acomodado a una praxis de aglutinación y sostenimiento en la que los actores mantienen el favor de un público, que se les supone adicto, mientras en las filas recónditas del patio de butacas, el vestíbulo, las candilejas y las taquillas se capta la atención, con táctica y estrategia, y el interés, con promesas travestidas, de nuevos espectadores que oscilan de puertas afuera entre la indecisión y el escepticismo. Los conciliábulos de las altas esferas de los partidos que acarician el poder máximo, desde el gobierno y la oposición, estipulan que vale la pena perder miles de votos que aguantaban fieles hasta la insoportable deriva electoral por ganar millones de votantes ocasionales con un discurso que les regala los instintos.

¿Fue un arte noble la política allá por su íncipit y desarrollo académico? Depende la respuesta del preguntado. El ejercicio de la política puede ser tan noble como mezquino, es el ejercitante quien lo califica antes y después de examinarse en los órganos de dirección del partido y, siendo uno de los elegidos por el aparato, en las urnas. El político que en verdad, sin tapujos ni venales obediencias debidas, quiere trabajar en pro de sus semejantes lo hace, desempeña su tarea a la vista y con sonido; áreas para demostrarlo no le faltan. Aporta sus conocimientos y sus proyectos mostrándose accesible y depositando en la confianza cívica del prójimo los venerables y muy reputados valores de honestidad, sacrificio, valía y eficiencia.

La ostentación de cualquier cargo exige responsabilidad al ser un cometido otorgado por esas personas que han creído en la voz y en los gestos del candidato a representarlos en una instancia determinada, y sólo al alcance de quien se dedica a tal menester. El compromiso del electo o designado para la encomienda de gestión y representación es firme pese a no existir el contrato escrito, individualizado y legal por la rúbrica de un fedatario público, dando por sentado unos y otros que las corrientes no arrastrarán al sumidero lo que se dijo ni las cambiantes circunstancias socioeconómicas, que afectan a la materia y al espíritu, harán valer su peso para modificar los principios, de tenerlos, la ideología, de tenerla, y los acuerdos.

La ausencia de vocaciones altruistas es un hecho. La política al uso es la imagen de la descomposición social: palabras huecas ahormadas a la agitación, a la propaganda, la reserva en la opinión y el criterio, y la distancia con el sentir en las conciencias que perviven. La política se ha convertido en un trampolín de ambiciones para los mediocres, una caja de resonancia para los mesías de diseño y una salida airosa para la ignorancia fomentada. Ser fiel a unas siglas, hoy por hoy, garantiza un estatus y unas prebendas envidiables; de la nada al todo en un abrir y cerrar de carné político. Dime quién te ampara y te diré a qué altura llegarás. La generalización es mala y no pocas veces injusta, pero cuando el cinismo y la corrupción cabalgan el mismo ímpetu, con éxito abundante en los diversos escalones que componen la estructura del poder político, por algo es. La habilidad artera y el arribismo han derrocado al talento, cuestión que no admite réplica; aunque en esta época tan dada al relativismo cabe la justificación parlamentaria y mediática para la conducta indecorosa e iletrada, y, sin embargo, el desprecio, por intransigente, para el señalamiento del defecto que el birlibirloque político ha transmutado en virtud o, por templar gaitas, en normalidad por decreto.

Cuanto más lerdo y basto, cuanto más transigente y zafio, cuanto más marioneta y violento, según opciones, mayores posibilidades de ocupar una poltrona en las variadas dependencias de las instituciones.


## Concepto y aparte

Una cosa es predicar y otra dar trigo, señala con afinación el refranero. Aun queriendo, y no se trata de justificar acciones o conductas, en no pocas ocasiones al individuo le resulta imposible conciliar el ánimo con la práctica. Si la voluntad topa con la exigencia de un compromiso superior, a menudo precedente, emanado de un orden jerárquico asumido, su desarrollo cesa en la fase preliminar y se echa a la espalda lo que venga. No hay libertad esgrimida ni criterio aislado con acople en la estructura ante el imperativo del escalafón.

Sin cadena de mando y su consiguiente reglamentación, es inviable cualquier proyecto que atañe a un número superior a la unidad; lo determina la socialización del ser humano. De la cuna a la sepultura, con la mítica salvedad de los anacoretas o ermitaños, el ser humano goza y padece su sociabilidad. La protección contra los elementos, la impenetrable oscuridad, los enigmas de la vida y la muerte y las fieras merodeando su presa cobran un tributo en especie y permanente; salir por la puerta grande del coso tras una faena magnificando el libre albedrío desde la individualidad rampante es una utopía. No hay diestro que lidie con éxito ese morlaco. Por lo que el individuo, *velis nolis*, propone en su fuero interno o hasta donde le deja el rutilante organigrama de la estructura política, y a esperar en la casilla asignada que su propuesta fructifique, avituallado de paciencia un trecho ni corto ni largo en el que contiende la esperanza con los tradicionales enemigos de la iniciativa privada en un ámbito asociativo.

Enhorabuena, pero ahora no es posible; felicidades, pero consideramos que el momento idóneo para su aplicación es después de..., dice con calculado énfasis la voz de mando. Será cuando lo aconsejen las circunstancias, que callan tanto como hablan al oído.

Aunque escasea, también el sincero rechazo pasea la decisión final con adusta elegancia: No, de eso nada, pero valoramos la propuesta; interesante, lo tendremos en cuenta, gracias; tienes talento, utilízalo para lo necesario; Recibirás noticias pronto, ve con... y te destinará en algo bueno.

De aquel compromiso individual del que uno se siente orgulloso por haberlo concebido, gestado y parido con mucha dedicación y ciencia, puede que en algún momento también publicitado allá donde se creyó oportuno, flota la ceniza del experimento fracasado y, lo que es peor para la conciencia, un desasosiego relacionado con la disyuntiva de optar por la obligación debida a la causa común —la causa de los aspirantes en coincidencia con la de los acomodados— o por la personal, cuya voz y cuyo voto juegan al solitario en una sala contigua insonorizada y vacía de mobiliario. El malestar dura según tercian los acontecimientos en la calle y en los despachos. Un dilema.

Un conflicto jurisdiccional entre la declaración de principios: Yo soy, yo digo, yo hago, yo pienso; y la promesa de lealtad a quienes con los instrumentos en su poder dirigen la nave hacia el Puerto Victoria, el Puerto Coalición, el Puerto Resguardo: Somos, decimos, hacemos, pensamos y cobramos.

Las obligaciones contraídas y la palabra dada son promesas y declaraciones de intenciones y principios; son compromisos y, como tales, al ser propuestos o al haber sido encomendados, futuros actos que definirán la conducta y los objetivos públicos y privados de la persona en la que un grupo humano confía para que dirija, represente y obre. Sin el compromiso, del que se compromete, no hay cabida para la confianza de quienes sienten la necesidad de depositarla en alguien con nombre, o en algunos nombres inscritos dentro de unas siglas y alrededor de ellas para completar la acción política.

Una flor no hace primavera ni un grano en el desierto aumenta su terrible extensión a los pies que han de atravesarlo y a los pulmones que lo respiran. En cambio, un solo compromiso basta para aunar voluntades en pos de un fin propuesto que, a su vez, depara satisfacción individualizada; un compromiso para crear y mejorar, para dar consistencia al viejo proyecto inacabado por la dificultad que entraña superar todos los obstáculos que el tiempo renueva; un compromiso creíble por quien lo formula y por quienes recurriendo a los mecanismos pertinentes confirman su realización; un compromiso ramificado en promesas asequibles en su cumplimiento. Así lo entiende el ciudadano medio, de actuación sucesiva, visible y fiscalizada por los dadores de la solicitada oportunidad.

El contrato entre las partes tiene validez jurídica, sea cual fuere la expresión del mismo, pues de tal acuerdo deriva el otorgamiento de los poderes para su puesta en marcha y ejecución en el plazo fijado. Aunque surjan imponderables, lo que se da por supuesto, por encima de cualquier consideración se sitúa la vigencia de la palabra dada, de la promesa emitida con publicidad, de la asunción del compromiso y la obligatoriedad en su cumplimiento; puesto el pueblo por testigo. La falta de balance en positivo, veraz de la cruz a la raya, evidente a la hora de rendir cuentas al depositario, o la excusa de mal pagador para alegar en propia defensa el incumplimiento de la obligación pactada, es tanto como acudir al engaño y maridar con el fraude para demostrar que se mintió a sabiendas; pero que a la próxima irá la vencida si —condicional— se ratifica en programa —dual, de ti para mí y viceversa— de actos solemne aquella confianza que necesita más protagonismo —la voz de la experiencia que da ventaja frente a otros candidatos de nuevo cuño—, más tiempo —que lo cura todo— y más nutrientes —de curso legal— para consumarse en hecho tangible. Más de lo mismo y una ganancia de tiempo que se convalida, al cabo, con la pérdida de éste y de la de por sí mermada confianza. Pero como no hay alternativa a lo que es, ni justicia efectiva e inmediata, pues aguanta y traga.

Si el fin justifica los medios, la mentira es válida para enmendar un lapsus en la trayectoria acordada. Cosas de la política cuando se la define como el arte de lo posible y tiro porque me toca en una partida acotada a sus exclusivos jugadores, dotados con fondos —a fondo perdido— casi ilimitados cuyo reparto es discrecional, previamente estipulado por los contendientes. Fuera, al margen, esperan los votantes ávidos de resultados en los primeros compases —producto de la humana impaciencia potenciada desde la especulación empírica a lo largo de la segunda mitad del siglo XX por la sublimación del deseo y su inmediata satisfacción, según la prospectiva de un mundo feliz (*Brave New World*) y la nueva edad (*New Age*)—, echando reojos de búsqueda aquí y allá a por una alegría que llevarse al cuerpo.

El compromiso requiere de voluntad y un previo conocimiento, lo más amplio posible, de las obligaciones que supone en el presente y en el futuro con independencia de los componentes en conjunción o en oposición para llevarlo a término.

La trivialización de los aspectos que definen la convivencia en una sociedad organizada —cualquier ejemplo sirve para ilustrar esta opinión—, desemboca en un afán interpretativo de las normas que la regulan y de la autoridad que, por mandato expreso del conjunto, la ejerce. Este flujo de interpretaciones, en un primer estadio anárquico, dando razón de ser a la individuación, pero después sometido al proceso unificador que destila el colectivo, también se encauza y se jerarquiza pero ahora por mandato expreso del sector dirigente; muchas voces confunden el discurso y demasiadas lo alteran hasta que unas pocas, a coro, lo remiten por mensajería instantánea a la preeminente en su aposento. Con la interpretación publicada se eleva a categoría el arbitrio, es decir, la alta esfera viste de oráculo y dicta a sorbos el reglamento de uso interno con sonido estereofónico: legalizar-legitimar. La cláusula compromisoria queda excluida de aplicación, pues las circunstancias son cambiantes y lo que acaba siendo imposible, u olvidado del discurso, es que no pudo ser; en ningún caso, "juro o prometo por mi conciencia y honor", ha sido desidia o dejación o ruptura unilateral del contrato con los depositarios de la confianza pedida. Los unos han cumplido el convenio, los otros han incumplido el contrato, pero los fragmentos volátiles y arrugados del papel firmado brillan por su ausencia; quizá subsiste en el individuo, y en la grey, un precepto de excusa que motiva la botadura suspirada del perdón del ofendido. Somos humanos, participamos de los defectos de la especie, adolecemos de esa debilidad que nos vuelve compasivos ante un soslayo, un desvío, unas nubes en lento desfile procesional.

Hoy por ti, mañana por mí; es un compromiso de mano tendida y el tobogán por el que se desliza el declive social. Esto por esto y a la recíproca; es un compromiso de mano apretada. A la segunda será la vencida; es un saludo con la mano a distancia de legislatura. Un compromiso tiene validez sin necesidad de impresión, aunque la vigencia de lo que en su momento y con un propósito determinado fue escrito —la gran fuerza de los documentos— ayuda a recordar la obligación y a discernir entre la promesa y la luz de gas o el humo de pajas.

No todo es relativo, por fortuna. Pero sí se advierte una tendencia a relativizar las conductas y los hechos a partir de ese perdón que tiene menos que ver con el atavismo que con la disculpa por lo que uno puede cometer a continuación. La frase: las estadísticas están para romperse, auxiliar en el deporte de masas, avala y presenta la segunda oportunidad en el quehacer político con alguna responsabilidad bajo los focos, añadiendo otra que atiende a la peculiaridad de la profesión: el resultado querido —inconfeso en público— depende de la críptica negociación.

El relativismo desvirtúa la esencia de las cosas, es un credo vacuo pero funcional donde nada es exacta o eternamente eso que parecía un paso atrás, unos años antes, la generación anterior. El compromiso queda relegado al ámbito privado y aun plagado de condiciones. La rigidez en las posturas estorba, el estricto cumplimiento del deber es agua pasada, los criterios fundados han de someterse a un protocolo de admisión mutable; y los principios de regusto añejo han de renunciar a la etimología.

Una afectación adjetivada como solidaridad, difundida en horas de máxima audiencia por la red de emisoras que abastecen las audiencias con sus informativos —de noticias parejas—, superpone las inflexiones a la par que difumina los acentos, relajando las posturas de por sí laxas tras el titular. El encumbramiento de la justificación: ha sido una tormenta en un vaso de agua, sólo un fucilazo, la breve llamada del batintín, tan sólo una notación algo disonante en la partitura que al cabo recibirá el tratamiento de análisis en las carreras de calcos matutinas, vespertinas y nocturnas denominadas tertulias, llamadas debates seguidos por un reducido público en apariencia heterodoxo que interactúa con los medios, en lo que estos proponen a diario, tecleando o pulsando desde el domicilio particular o los centros de trabajo. Esta actividad participativa, al margen de la estatuida por los poderes fácticos, evidencia un compromiso cívico del administrado —y tributario del sistema—, de exigencia responsable y, en tono mesurado, proponente de ideas o recomendaciones de uso tópico; sin alejarse jamás del protocolo.

Cada cual en su papel y en riguroso turno de locución. El ciudadano ha de cumplir con la ley para que la convivencia sea ordenada y armoniosa o atenerse a las consecuencias de infringirla; y, por lo visto, no ha de excederse en la solicitud de reciprocidad a sus gobernantes, obviando de motu proprio el derecho que le asiste a rescindir la delegación —otra característica del compromiso— efectuada por incumplimiento negligente o doloso.

A cambio de tolerancia y franciscana comprensión, el dirigente político regala con frases que apetece escuchar; siempre habrá un roto para un descosido y un rótulo de alegre fosforescencia con el lema: Pasen días y vengan ollas. Alguna vez será la vencida para el hecho.


## Sujeto y predicado

Las palabras que la voz pronuncia a veces se las lleva el viento y algunas de las que se escriben resultan papel mojado; esto lo sabe mejor que nadie el jugador de ventaja.

En las relaciones humanas ha de prodigarse el entendimiento y la confianza para que los actos, que siempre nacen de la voluntad y de ella son expresión, describan una órbita apreciable desde cualquier observatorio sin el concurso de sofisticados aparatos de medida. Las consecuencias de una decisión, asimismo las de un contrato, atañen por un igual al proponente y al aceptador, pues sin el uno no hay otro y el negocio fenece. Es ejemplo de uso cotidiano el de la compraventa: para que sea posible la tarea del vendedor es imprescindible un comprador; dado el acuerdo en un marco de legalidad el bien cambia de titular. A lo largo de la vida quien más quien menos negocia por este método, directo y de inmediato tangible.

Siendo el de la compra y la venta con el objeto presente el acuerdo por excelencia, en las relaciones humanas aparecen con asiduidad otros cuya dimensión desborda los lindes de un terreno, de su envoltorio, sofisticado o discreto, o los límites de un papel timbrado. Estos acuerdos tampoco presentan un formato típico, ese que se toca o guarda, y es verdad que están expuestos a la acción de los elementos.

En muchas ocasiones el individuo se pregunta quién es, de qué fuerza dispone, con qué poder cuenta para cambiar el mundo. Estas frases concatenadas son un desahogo, una confesión de impotencia o una excusa para justificar la pasividad de un espíritu que alardea de rebelde. Ante el individuo se eleva un muro infranqueable, sólido, extenso y compacto; un obstáculo enorme que sólo deja el consuelo del resignado suspiro y el "qué se le va a hacer" o "vaya época me ha tocado vivir." Actitud que sirve de catapulta a dos tipos de personajes morando en la misma sociedad: uno sin escrúpulos, huelga más explicaciones, otro con propuestas de regeneración encaramado a una tarima para exponerlas. Prestar oído a lo que dice cada uno es una decisión personal.

Nunca es un tiempo perdido el que se dedica a conocer, reza el adagio. Y a ello, que es una deferencia hacia la persona o grupo que ofrece en el mercado tal idea, esa alternativa a lo establecido que genera en orden cronológico dudas, descontento y rechazo, se une con criterio y rigor la exigencia de las cuatro responsabilidades: la intelectual, la política, la moral y la ética.

Exigencias de responsabilidad cívica, privada y colectiva, contra el engaño, contra el fraude, contra la manipulación, contra el oportunismo y contra la indecencia.

El ciudadano contempla atónito como varía la aplicación de la ley, tras la meticulosa lectura del artículo o artículos correspondientes a la falta o el delito, según las circunstancias eximentes, atenuantes o agravantes y en mayor medida con relación a la identidad del personaje infractor, su cargo a la vista, su adscripción política, su relevancia social o el peso de los padrinos. El ciudadano crítico manifiesta su desespero y disgusto ante las dilaciones publicitadas y los mefíticos vaivenes —cuando la porquería se remueve huele mal— en los procesos judiciales de algunos nombres y clanes que en mucho o en poco afectan a todos. El descrédito de la justicia duele más que el de los políticos, pues aquélla es Institución y éstos piezas de un sistema que define la democracia —aislada del Estado de Derecho— a conveniencia.

Además del recurso al pataleo, ¿de qué otras armas dispone el particular frente a la hegemonía de lo público institucionalizado? La imaginación es una de ellas, la autoestima otra, una tercera el plantar cara y argumentos firmes y la cuarta la asunción real de principios y valores a pesar de las sucesivas campañas en desprestigio, mofa, befa y denuesto de los mismos. Es tan fácil como aliarse con la propia conciencia y postularse para la defensa de los cacareados derechos a partir del cumplimiento estricto de las onerosas obligaciones.

No hay duros a cuatro pesetas y lo barato sale caro, máximas de sabiduría popular que no entiende de épocas ni avatares de humana procedencia. Aunque es cierto que hay quien da a cambio de nada, por el placer de regalar lo que se necesita y por amor a los semejantes, no ocurre así en el ámbito político. La clave para un feliz acuerdo es la siguiente: te doy esto a cambio de esto; dicho de otra manera, compro al precio pactado la mercancía que me ofreces siempre y cuando disponga de la cláusula de reversión, por si en el plazo estipulado los compromisos han sido sólo unilaterales, por si desde el principio o a las pocas fechas aquellas promesas fueron un decir. Cláusula *rebus sic stantibus*, mientras permanezca vigente lo acordado no habrá modificación o extinción de ese contrato ya que no se ha producido una alteración grave, de las consideradas inexcusables e inasumibles.

Las cuatro responsabilidades citadas: intelectual, política, moral y ética, son a un tiempo exigencias de un público por eso mismo homogéneo hacia el dispensador de iniciativas y componentes del pacto no escrito entre la propuesta y la aceptación. Para formalizar este contrato debe haber reciprocidad en la exigencia; si no se da el quid pro quo se resiente la confianza o se esfuma, y a partir de ahí es difícil que prospere la idea compartida que en su momento lo ocasionó.

Los pactos han de ser cumplidos, *pacta sunt servanda*. Esta es la norma fundamental para que lo nacido de la voluntad de las partes se desarrolle y fructifique en los términos previstos y en los plazos fijados (contratos de tracto sucesivo). Con independencia del código al que se acuda para verificar si su articulado recoge tal o cual disposición garante de los derechos personales —a continuación se reproduce el artículo 1258 del Código Civil—, los contratos se perfeccionan por el mero consentimiento, y desde entonces obligan no sólo al cumplimiento de lo expresamente pactado sino también a todas las consecuencias que, según su naturaleza, sean conformes a la buena fe, al uso y a la ley.

Las propuestas que concitan adhesiones o simpatías, y por ende el voto, implican un hacer y un participar en la medida del compromiso asumido, y la debida equivalencia de las prestaciones que surgen del contrato político. Cimentada sobre la ética y la moral, la exigencia mutua infiere en los ámbitos privado, morada de la credulidad, y público, residencia de los intereses compartidos, vinculando el proyecto individual al colectivo.

En consecuencia, si la teoría llega a ser práctica y concedemos virtudes y crédito allá donde el desengaño muestra defectos, el proponente se enfrenta a una realidad que supera en mucho el idealismo del discurso. ¿Lo sabe, lo intuye, lo deduce o lo sospecha, pero elude la contienda directa hasta que su posición permita vadear las turbulencias? Dependiente de una organización, cual es el caso habitual, su valorada y aplaudida exigencia contra las inercias —"la diferencia soy yo, a través de mí el cambio es posible, ¡viva la diferencia!"—trasciende al plano del poder establecido, el gran caballo de batalla, por lo que si es sincero tendrá que luchar de una manera original y eficaz contra el dogmatismo y la burocracia en dos vertientes: la que lo ha incluido en la nómina política y la que tiende a ponderar el beneficio de la costumbre. Una pugna desigual en la que contienden flujos constantes de aliados reclamando satisfacción y en la que negocian con ases en la manga, sopesando los riesgos de una derrota, las directrices de la organización política y ese mecanismo de sujeción social que se denomina pensamiento único.

Poderosa es la fuerza del conjunto; también el afán de encauzarla. Cuando muchas voces ligan una petición y ésta queda recogida como prioritaria en un ideario político, la exigencia cobra forma. Al predicar con el ejemplo, el receptor de la inquietud cívica, en su calidad de representante electo, da muestras de actividad en el sentido reclamado.

## El límite del individuo

El libre albedrío es un don que obliga a la persona a responsabilizarse de sus actos y de sus palabras. El sentido máximo de la vida para alguien con espíritu juicioso y afán de conocimiento, sin miedo a las preguntas de mayor calado o a la búsqueda de respuestas que satisfagan inquietudes, sea el de elegir. Tomar decisiones, afrontar retos, discurrir planes y solventar problemas, cada cosa en su momento o, si vienen enlazadas, atendidas en fila india, son tareas cotidianas que reclaman el concurso del individuo.

Si éste, en plena posesión de sus facultades, hace oídos sordos a la demanda de participación inteligente y valerosa o esgrime excusas orbitando la incompetencia o fomenta la dejación de sus atributos naturales, deriva esa responsabilidad hacia una instancia inmediata superior de brazos paternales y sombra larga. Esta solicitud de tutela acaba por ser un alivio pasajero, inestable y gravoso; una reducción a la franja baja de la condición humana.

Cualquier administración pública sirve —y se ofrece omnímoda— para ejercer la potestad en todos los sentidos: "yo pienso, yo digo y tú haces lo que mando", de fuera hacia dentro, a cambio de una contraprestación rigurosa, firme y perenne. Un pacto sin literatura —un cheque en blanco—, nada susceptible de modificación.

Pienso, luego existo: soy.

La conjugación de la primera, segunda y tercera personas del singular del presente de indicativo del verbo ser, auxiliar y socorrido, ha sido proscrita en la sociedad de la utopía. Desdoblado en opciones que legitiman una diferencia indispensable para vestir de alternativa el endemismo, el grupo dirigente elabora un sistema político que regula o interviene, según la doctrina aplicada y el nivel de condescendencia con la individualidad.

Pienso, luego actúo: soy un peligro.

Si el cimiento, la obediencia, falla, la estructura, el poder, cede. El riesgo de fracaso en su desarrollo para un sistema de control social es muy elevado si una facción numerosa —al menos notable por su prestigio cívico— se declara contestataria, y en consecuencia opuesta, a la política de aleccionamiento. Pero el elemento esencial para el sostenimiento de cualquier sistema es la sociedad que rige. Las voces discordantes, por lo general críticas con cualquier clase de poder absorbente y conductor, quedan reprendidas y desvirtuadas por el fenomenal aparato del Estado, a disposición de quienes lo han estructurado y lo gestionan, aisladas o con su mensaje enmudecido si el revestimiento que logran los integrantes de ese "mundo absoluto" es impermeable a una cosmovisión liberal.

El individuo armado de su conciencia, raciocinio, iniciativas y percepciones, por sí mismo engloba una dimensión refractaria a la instituida, portadora como es de inconveniencias para un poder ubérrimo en normas, propaganda y sanciones, expugnador de materia, creencias y voluntades, ávido de obtener la sumisión expresa de los gobernados relativizando los sentimientos, las ideas y las definiciones. La transferencia entre el dador de títulos y los aspirantes a recibirlos se consuma pronto una vez popularizada la tecnología y una serie de palabras clave de fácil penetración en el público genérico: insolidaridad, carcunda, pasado, antidemócratas, opresores, poderosos, intolerancia, patriotero, viejo, autoritarismo, discriminación negativa, rancio; palabras clave infiltradas en una audiencia predispuesta al condicionamiento. Aun así, se precisa un mínimo de dos generaciones sometidas a los experimentos sucesivos y complementarios para que la estadística revele que surten el efecto deseado en una proporción suficiente.
El relativismo es un vehículo todoterreno para el adocenamiento, la llave maestra de la alienación y la ingeniería idónea para sustituir en el ciudadano las profundas creencias heredadas y legadas por un ideario matizado de utopía, orlado de conceptos antónimos a las acusaciones previas hacia los reaccionarios: solidaridad, progreso, futuro,

democracia, libertad, igualdad, tolerancia, nuevo, fragante, limpio, discriminación positiva, participativo, representativo, asambleario, justo, global, único.

La unicidad reclama la adscripción al igualitarismo y la lucha contra la iniciativa y la individuación, tildando de enemigo, de cáncer, de plaga cualquier actividad privada contraria a las disposiciones del poder dominante. En aras a esa sociabilidad publicitada como el ideal de convivencia en un  mundo sin fronteras y de intereses compartidos (siempre pendientes de reparto equitativo), los retráctiles tentáculos de la socialización —según convenga a sus administradores estirarlos o recogerlos—, abrazan fraternales dispensando esperanza, regalando humanidad, afectos paliativos, sonrisas estéticas y bálsamos curativos para la especie aturdida y confinada en sus errores.

La persona es buena y válida sólo si por encima de ella se sitúa el grupo y su mandamiento de utilidad adjudicada. Nadie es más que su vecino o compañero, dicta el gobierno de la grey, ignoradas las cualidades intelectuales o la habilidad manual de cada individuo, exceptuando a quienes establecen las jerarquías y la distribución de labores y servicios; exceptuados los que han instaurado la regla de comportamiento y la moral de conjunto; con excepción de aquellos que ejercen el control sobre las personas, los bienes y las cosas.

Nadie es más que el resto, hecha la salvedad anterior.

La interrelación de los políticos con alternativa de mando va más allá de la dualidad gobierno-oposición; aunque ni focos ni testigos excluidos de las nóminas den fe del coto, la casta y su certeza.

La reciprocidad es un valor constante fuera de litigio. La ropa sucia se lava en casa —pagada por el contribuyente— y los trastos —los frutos del cohecho— no salen disparados por las ventanas ni por las galerías de ventilación, tiempo ha cerradas y ocultas. El político ya no es el culto habitante de la *polis* ni el paradigma de civilidad, admirado y elogiado, registrada su función con letras mayúsculas. Tampoco camina por su propia tracción ni aparece en la cotidianidad nimbado de respeto o devoción al prójimo sabio que además de conocimiento irradia honestidad.

Cabe la pregunta de si alguna vez hubo tal clase de personalidades recorriendo el mundo de los humanos; la historia lo afirma y las publicaciones de los prohombres y sus discípulos lo cercioran. Pero cuesta y hasta duele imaginar que de aquellas raíces fructíferas salgan estos tallos indigestos. Preguntaba el dramaturgo Enrique Jardiel Poncela si hubo alguna vez en nuestro pequeño mundo de soberbias, fingimientos y vanidades, once mil vírgenes; quizá la respuesta aproximada a esta cuestión, porque afinar tanto parece imposible, sonara convincente en el erudito comentario de Matías Prats (*pater et magister*) si la ocasión taurina, deportiva o mundana terciara para ello.

Hay duelos en los tendidos de sol y de sombra, agotadas las localidades periodo legislativo a periodo legislativo, protagonizados a diario por los actores secundarios y las fechas señaladas en la agenda múltiple por los actores principales. Nada nuevo, nada en verdad relevante lo que se expone, pese a los pronósticos de mudanza, las advertencias de fracaso o las ocurrencias traídas por los pelos y el magín de los asesores; productos folletinescos de ínfima calidad cuya virtud es la de suministrar titulares y reseñas a los poco duchos corresponsales destacados al evento.

La batalla dialéctica que periódicamente recuerda a los votantes quienes son los que gobiernan y quienes los que opositan para gobernar, no aporta ni detrae adeptos a las filas de los contendientes. Con la retórica y el sofisma, utensilios habituales y efectistas de la política parda, no hay derramamiento de sangre por afilados que estén los espolones de los gallos de pelea; es una lucha inocua con un número de bajas pactado de antemano. Servida la carnaza hábil para un barrido o para un fregado, el auténtico límite de la propagada confrontación entre los comisionados de las diferentes siglas parlamentarias, o en vías de admisión al circo máximo si los caciques del reparto lo consienten, está en la preservación del negocio. Al perpetuar el sistema de partidos, el oligopolio de la política al uso determinado por las dos formaciones regidoras de la alternancia y una periferia aditiva de bisagras con matices díscolos que en su turno reparten las cartas del juego, se erige como el garante del discurrir democrático. La permuta de puestos es el único peaje a pagar en la partida que disputan los hegemónicos, y sus aliados ocasionales, para batir el récor de permanencia.

La particularidad española, por así denominarla, consiste en entregar la llave de la gobernabilidad del Estado a los nacionalistas, confesos enemigos de la unidad nacional y, por ende, de la nación y los nacionales. Una particularidad erosiva y onerosa, ridícula si imperara un interés superior, tradicional y digno, en vez de los egoísmos y las rivalidades, las envidias y los odios, que han abocado a España a la caricatura, el menosprecio y a padecer una amplia gama de delitos inmunes a la sanción.

El reducir la democracia a un mero ejercicio de voto cada equis tiempo es la gran añagaza del sistema de partidos; tolerado régimen de partidos hegemónicos y satélites, concordantes en la idea eje de apuntalar el poder político como juez y parte de la sociedad.

Desde ese punto de inflexión, eliminada la competencia de los poderes legislativo y judicial, y en la ruta del puente de plata, el siguiente proceso es la erección del culto al grupo —dirigido por una figura acaparadora de adhesiones— en detrimento de la individualidad, recipiente de todos los males que aquejan a la sociedad y precursora de los irresolubles defectos del ser humano.

Recluida la persona a su aportación numérica al conjunto, desaparece el control sobre el controlador y la posibilidad de poner límite a la acción política sectaria cuando aún está en fase incipiente.

Acto seguido basta una frase para comprender el alcance de lo que se ha convertido en una salida profesional de éxito: "O conmigo o contra mí" (léase también en plural).

El Estado de Derecho surge con la doble función de proteger a la persona y sus bienes y la de garantizar el libre desarrollo del individuo y la legalidad y legitimidad en las Instituciones y Organismos que gobiernan una sociedad. Nadie queda al margen del Imperio de la Ley ni puede actuar contra ella, recibiendo castigo en un proceso justo si así obrara y fuera considerado reo de los delitos tipificados.

Esta es la teoría.

Porque la práctica revela lo contrario en una tendencia pactada e irrefrenable. Los intereses y los objetivos de la amalgama dirigente prevalecen y se imponen, inspirados en la conveniencia y las coyunturas, refrendados por las urnas elección a elección ignorados los respectivos programas electorales. Son las papeletas de voto el jurado que emite el fallo de inocencia o culpabilidad, un remedo de justicia popular que elude, por la escapatoria trasera, los códigos y los tribunales a no ser que los colegas aprueben el suplicatorio para que el imputado por su actividad política rinda cuentas ante las togas de la justicia ordinaria que, no por casualidad, han sido adjudicadas por mandato político. Un espejismo.

Como la libertad del individuo auspiciada por el poder político.

## Los poderes en liza

Información es poder. Quien sabe controla. El conocimiento de un hecho es la llave para su revelado o para su encierro. Si conoces de tu adversario más que él de ti, estará a tu merced.

Son frases de una certeza aplastante que al ser pronunciadas en el tono adecuado suenan dichas por un mafioso pinzando una de las varillas de sus gafas, un psicótico inquieto de pared a pared mesándose el cabello, un político en su refugio abuhardillado de incógnito ante las trifulcas unos pisos por debajo o un comunicador en confidencia de café y servilleta de papel.

Para conocer la verdad y para ocultarla sirven los medios de comunicación.

La connivencia de políticos y comunicadores es un referente para el ejercicio de ambas profesiones. El periodista busca la noticia, la persigue o, incluso, la provoca con su pericia al inquirir sobre determinada cuestión y al enlazar un silencio o una omisión en la respuesta con el eslabón anterior y así hasta completar el círculo y capturar a la esquiva presa. En sintonía con este proceder deductivo, sólo al alcance del periodista instintivo pero en la práctica experimentado por cualquiera portando un carné de prensa o la autorización de un editor o un magnate de medios, el político versado en la esgrima dialéctica y con tablas conduce la pregunta simple, concisa y directa, cuando puede ser formulada, al ondulado terreno de la posibilidad, alimentando la vana esperanza de obtener una respuesta simple, concisa y directa en la siguiente sesión con los mismos protagonistas. Si el periodista dispone de turno de réplica, empleado para la repregunta ahora con añadido que trasciende de la mera averiguación de un determinado asunto, la dúplica, que suele finalizar el duelo más o menos amable, más o menos didáctico, abunda en lo dicho, en lo citado, en lo apuntado; y eso es todo.

Luego, si tercia la complicidad entre el periodista-comunicador y el político, sin testigos mecánicos, ambos hablan de lo que quieren saber y de cómo, sin compromisos innecesarios, la información queda a resguardo, sale a la luz vía filtración o exclusiva o se incorpora a las páginas pares de los diarios de papel o a la tercera columna o a la sexta fila de los digitales; quizá alguna cita radiofónica y ni siquiera mención en los telediarios.

Hasta la próxima y no olvides lo acordado. Aunque a veces hay pelea por conseguir una declaración con independencia de su veracidad.

La política dentro de la política.

Los pasillos de las sedes de los partidos y las redacciones de los medios de comunicación trasiegan informaciones, desmentidos, rumores y noticias. Son las personas las que cuentan, recogen, citan o convocan a los implicados en un asunto que despierta el interés público, pero sobre todo la prevención de los afectados. Son los teléfonos, los despachos de agencia, los correos electrónicos y el papel impreso los elementos de información que cuentan con su testimonio privado, con remite y destinatario, lo que se sospecha, espera o teme, los que confirman o demoran las primeras planas, los artículos de opinión y los editoriales; los que provocan una reunión en sala aparte o una nada improvisada rueda de prensa.

De la verdad a la mentira sólo hay un texto y la voz que lo lee en alto, con publicidad.

Y es que el poder tiene recursos suficientes para desvirtuar el pasado reciente y el remoto.

La necesidad obliga; es una máxima que se cumple a rajatabla en las redacciones, en los despachos, en los salones y en los pasadizos. También se convierte en un negocio.

Cuando el poder de la clase que sea, pues todo es poder en definitiva, depende muy considerable de la comunicación —administrada por los comunicadores—, la tentación de dirigirla, compaginando pareceres y objetivos, y hasta de controlarla, aumenta exponencialmente. Para no correr riesgos innecesarios conviene anticipar la jugada, moviendo la pieza que pone en un brete al adversario, o demorarla, reservando la pieza que en dos o tres movimientos da jaque y en un turno venidero mate. Es algo frecuente la dominación de las informaciones y los canales de difusión, que en el observador suscita como poco la curiosidad, no exenta de controversia, por descubrir quién mueve a quien y dónde se guarda el secreto. Dicho de otra manera, quién informa a quien o quién determina la fecha de publicación de un asunto que ha de remover las parcelas donde se sustenta un determinado edificio; también, la residencia y el tamaño de los cajones de algunos jueces, de algunos políticos y de los directores de periódicos. Valga la comparación entre los hacendosos marsupiales, de bolsa ventral con mamas para desarrollar en un ambiente nutricio y protector al ser concebido, y los celosos guardianes de la solución a las incógnitas y los enigmas, archivada en receptáculos de fondo insondable.

¿Hasta cuándo el alumbramiento?

Es un duelo de poderes en la sombra.

El cuarto poder es un contrapoder activo entre bastidores.

En ese mismo lugar, con las características de un recipiente hermético y las condiciones de visibilidad en mínimos pactados, se negocian las preguntas y se establece el tiempo y la forma de la entrevista o el debate. Es el privilegio de los que se han subido al carro, y la condena a los excluidos de los favores recíprocos que en un porcentaje elevadísimo se cuenta en dinero. Nunca fue más cierto aquello de o estás dentro o te quedas fuera. En una dependencia contigua a la que se accede por la galería de servicio se realiza la entrevista, en un tono distendido, que por el momento reserva su emisión. Hablan las partes de lo que atañe al mutuo compromiso, sin prisa, y a continuación, a veces intercalando las frases o las sugerencias, de lo que concierne a una sociedad pendiente de la información que se le suministra.

El informador mantiene un bis a bis con su fuente. Le dice: dame y te doy. Si el manantial es rico en noticias, espaciadas para conferirles mayor crédito y mejor acogida, fiables por la adjudicada solvencia crediticia de quien las enuncia o, según la categoría del personaje, produce, o comprobables en una abreviada investigación, la relación será tan exclusiva como fructífera. Tengo y tomo. Un idilio prefigurado en arduas comisiones de trabajo encubiertas por la necesidad de silencio y oscuridad.

Los gabinetes de prensa elaboran las notas, menos precipitadas de lo que su nombre indica, que parirán en forzoso resumen llamativo los titulares —la frase del día o del acto— y los encabezamientos. La información queda servida en la bandeja de los aperitivos. Pasada la degustación, acelerada debido al reflejo condicionado, los platos principales se presentan en editoriales, sueltos, faldones y columnas de opinión a los escogidos comensales que transmitirán sus impresiones y sentencias con la firma del autor. Cada cual entiende las declaraciones sometidas a criterio profesional —¿científico?— con la criba de su gusto o idea o sentido estricto del acontecimiento o la revelación, que no por esperada menos impactante. El espectador de lectura entre líneas, que es el de escucha sin interferencias, decide con su asentimiento y con su repulsa el premio o el castigo del que se han hecho merecedores informador e informante.

La fuerza de los medios en una sociedad dada se mide por la resonancia de su información, que no siempre coincide con la veracidad de la noticia ni el comentario de profesionales vinculados a un grupo empresarial ni a una ideología, al hilo de un asunto que interesa cale en el público. La asimilación del mensaje difundido en los receptores depende más de la reiteración del mensaje y la prosopopeya con la que se unge el comunicador que del crédito asignado por el emisor. La palabra de ciertos individuos incombustibles es ley.

Ante un auditorio entregado, menos pendiente de la literalidad del texto que de la figura dramatizada del emisor, representando al ente inasible dotado de poderes taumatúrgicos, la información adquiere categoría de dogma: esto es lo que hay y así queda expuesto para conocimiento público. La influencia domina el criterio, la facultad de discriminación y, por consiguiente, la voluntad de un individuo o del colectivo que presta su número, ha creado de la nada un nuevo órgano de difusión que expande y magnifica el mensaje. La verdad, se decía, sólo tiene un camino; la noticia, en cambio, suma los que van abriendo las voces que la amplifican, la modifican o con la que especulan. También se dice que la verdad, digamos, el suceso real, no ha de ser un obstáculo para emitir una noticia poco o nada coincidente con ella y su aneja carga de intenciones.

Tal es el poder de los medios, con la inestimable y muy eficaz ayuda de los múltiples repetidores; tal es su imperio, lindante con la tiranía y con el afán de imponer un juicio —que es prejuicio— y su sentencia a la que dimana del Estado de Derecho. Los procedimientos legales, la legalidad, tampoco han de ser un estorbo para que la opinión particular condicionante de la pública, investida de jurado, falle a conveniencia de quien dicta el procedimiento a seguir.

Tal es el poder de los medios, en especial aquellos que en origen recibieron carta de naturaleza para obrar a su antojo con mínimas restricciones y la garantía de venta del producto en un mercado intervenido.

Pasen y lean; pasen y escuchen; pasen y compren. La afiliación es gratuita, mientras que la lealtad un deber que evoca los pactos de sangre a la imaginación liberada de intrusismo.

Quien dispone de un medio a su favor, ganado con acciones registradas en audio y vídeo, tiene un tesoro; dispone de la llave del éxito.

Nada que ver la información con la deformación ni la noticia, lo ocurrido en sí, con las opiniones sean éstas versadas o aventureras. Las manipulaciones están a la orden del día y a la de la causa que se defiende, es tentador modificar los contenidos para que la realidad se aproxime, se asemeje y se fusione con el deseo; a fin de cuentas, si se busca con denuedo, suele haber una conexión entre el relato de los hechos y la interpretación partidaria de los mismos.

Tan partidista y alevosa como las filtraciones que surgen de lugares recónditos, no obstante localizados, e identificable la autoría a poco que haya interés en conocer la causa y al causante.

Las filtraciones abundan en el ejercicio del periodismo deformante, pero sería injusto catalogarlas en una sola conducta o archivarlas en una sola carpeta. La práctica del comunicado exclusivo, tendencioso y vinculado a una circunstancia que acusa, implica, descarta o absuelve —equivalente a la revelación de secretos oficiales—, es frecuente pese a ser ilícita; y aun en el caso de beneficiar al perjudicado por una difamación, injuria o calumnia —que es un supuesto infrecuente—, lo que demuestra es la intención de atajar el camino de la justicia —por no creer en su imparcialidad o por temerla— condicionando el veredicto en un sentido determinado.

Para cuando se admite la ilegalidad de unas actuaciones que obstaculizan y llegan a impedir el normal desarrollo de la investigación policial y la instrucción de sumarios, la noticia ha corrido como la pólvora y sus efectos ya han alcanzado el grado apetecido por los patrocinadores de la filtración: objetivo cumplido, un paso más en el velado proceso. A partir de entonces, el juicio paralelo está servido y las conclusiones de los improvisados y ansiosos jurados en boca y oídos del mundo en torno.

Tal vez porque a todo se acostumbra una sociedad echada a los brazos de la inercia y las consignas. Titular una noticia con fuegos de artificio es fácil y rápido, tratarla desde una posición a favor o en contra es fácil y rápido, repetirla hasta la saciedad informativa en cuantos medios se presten a darle cabida es fácil, rápido y eficaz; pues eso, lo transmitido al dictado de la fuente primordial es lo que permanece en la sumisa memoria colectiva, y acaba por interferir en los cauces que el Estado de Derecho ha previsto para sustanciar la materia en litigio. Objetivo cumplido, un nuevo paso hacia la culminación del proceso.

Enfrente, la oposición es relativa, no por falta de ganas o valor, sino porque la voz de los beneméritos comunicadores sufre de cercos y presiones varias, directas y contundentes, que por lo general logran bajar el volumen de la protesta y la denuncia fundada hasta el extremo de una audición tan selectiva como inoperante. El número cuenta y domina, la cantidad ofusca la calidad y el intento de pedagogía se estrella contra el muro del aleccionamiento.

Con la lección bien aprendida responde, sin responder, el político entrevistado a las preguntas del entrevistador alejado del pacto. El recurso a la evasiva salta de frase en frase para hastío de la inteligencia, y a esperar que la ruleta gire hacia el rostro aliado, presto a echar un capote con esa pregunta que permite el lucimiento y anulando esa otra con alto riesgo de traspié o mentira.

Para evitar las sobrecargas en el tendido nada mejor que un apagón: la información callada no perjudica. No sabe, no contesta; reflexión conjunta y acuerdo amplio. Resoplido de alivio mientras piensa el liberado que ha estado en un tris del ridículo o el descubierto.

Continuará.

El periodista de investigación sigue el rastro hasta dar con el paradero de la noticia. Luego, con la información en la mano, depende del juego de factores —cuyo orden e importancia sí altera el producto—, el que llegue a su legítimo destinatario.

Septiembre de 2012.

# El trasfondo y el albañal
## (Apostilla en tiempo y forma)

Un título atinado y revelador para la información y denuncia de cuanto, en resumen, ha sucedido en la trastienda y los sumideros de la castigada España por sus caracterizados actores es el que en las siguientes dos líneas, no hacen falta más, proponemos:

*Crónica de la traición a España perpetrada metódicamente por las castas dirigentes desde 1976.*

A raíz de las actividades llevadas a cabo desde el ejercicio político en contra del sentimiento nacional de los españoles, que es real y que todavía pervive pese a la pública y patente campaña de desarraigo, la política al uso se ha convertido en el problema; como problema es para los españoles adscritos al civismo y a la identidad nacional, el incumplimiento reiterado y consentido de las leyes en algunas instancias que, siendo Estado, pretenden demolerlo.

La política se convierte en un problema de gran dimensión cuando una nefasta política aplicada, con rigor y perseverancia merecedores de mejor causa, de una causa noble y beneficiosa para los españoles, por los dirigentes de la última esfera en el anverso y el reverso de los carteles perjudica sin paliativos a la nación.

Olvidan unos e ignoran otros que la patria está por encima de los poderes humanos y divinos, y no admite que la desvirtúen los trileros —jugadores de ventaja—, los cobardes, los arribistas, los negociantes de restos de serie y la suma de las cuatro facetas definitorias del manejo organizado.

Viéndolo venir, porque ni la ceguera voluntaria evita la contemplación diaria del espectáculo, los españoles, fieles a ciertos hábitos que convendría extirpar de una vez por todas, demoran las demostraciones de patriotismo donde deben, son remisos a defender lo propio porque no tienen una idea consolidada de lo que es propio ni de lo que es garantía de libertad, propiedad y prosperidad, y aguantan casi del todo resignados, soportan casi del todo vencidos, y esperan al toque de rebato para lanzarse a pecho descubierto a la imprescindible defensa de lo ardua y largamente conseguido por los siglos de los siglos.

Los políticos en España son por una parte marxistas, separatistas y oportunistas; y por la otra, oportunistas, espectrales y adictos a la componenda. Herederos en número indeterminado, variable, oscilatorio, los más enemigos de la Patria-Nación-Estado, del viejo rencor de las tres emes derrotadas en suelo patrio: musulmanes, masones y marxistas; en diferentes y significados momentos de la muy antigua, intensa y feraz historia de los españoles. A los hijos del islam se les venció paulatinamente durante la Reconquista; a los hermanos obedientes de la masonería se les ganó en la Guerra de la Independencia; y a los agentes del marxismo soviético se les derrotó en la Guerra de Liberación. Las tres guerras tuvieron carácter civil y, además, enfrentaron a patriotas contra enemigos de la patria de dentro y fuera; la postrera, fuera de los despachos y los pasadizos, con el apaño frentepopulista de masones y marxistas.

En España prolifera el enemigo dentro de casa, y hasta se le tolera por la ley de la vista gorda y la postura de perfil que haga apología del odio y la destrucción. Para esta tarea de zapa, la recluta se ha efectuado entre los vividores de la política y los vividores de la difusión de doctrina y comunicados; una casta política más perversa que cándida, necesitada de retribución en papel moneda por su carencia de valía profesional —nimbada de excusas y subterfugios, laborando en las cloacas— y una casta periodística, ídem de ídem —pues la mayoría de voceros y promulgadores de la palabra a conveniencia del que paga, impone y somete, disponen del carné de prensa—; ambas retroalimentadas.

La nula asunción de responsabilidades en la perturbada conciencia de los políticos, pese a que por su acción u omisión desencadenan tragedias, es uno de los aspectos peculiares de los ambicionados cargo y puesto. La intención era buena, dice el aludido, exponen los enmarcados por el agravio cometido a sabiendas —por lo menos en algunos casos aún conscientes de su conducta— de su repercusión pública y privada; y con tal argumento, envuelto en aire, dan carpetazo a las flagrantes responsabilidades y aquí no ha pasado nada, que es una frase exculpatoria de cuño español; aquí nunca pasa nada y si pasa no importa. Pelillos a la mar, litigios al archivo y deudas a la quita. En fin, todos somos humanos y víctimas de las tentaciones jugosas; hoy por ti, mañana y siempre por mí.

Ese pecado original llamado Transición, con penitencia incluida para los españoles (únicamente los españoles que se sienten españoles) y premio para los antiespañoles de toda laya, emerge y se sumerge periódicamente para dificultar la captura, juicio y condena de los culpables, reos de traición y falsedad múltiple. Cada gobierno desde el primero, y sucesivamente, ha favorecido e incrementado el antiespañolismo que sentó cátedra y precedente en el ente de la Transición. De aquellos tratos en el siglo XX vienen estos odios en el XXI; alentados con ráfagas de fuego subterráneo obra de los narcóticos tentáculos vaticanos —acentuados con el papado de Bergoglio— desplegados al alimón con las ligaduras de ateos y sectarios iluminados, apostando por encima y por debajo de la mesa de juego en contra de los fundamentos liberales, del humanismo cristiano y de la civilización occidental; que es uno y lo mismo.

A nadie con dos dedos de frente y un mínimo de percepción lógica se le escapa que sin seguridad jurídica no cabe la iniciativa ni la propiedad ni la financiación ni las inversiones ni el acceso a competir en los mercados del mundo. De igual manera, y tampoco es una materia arcana para el común de los mortales, que sin una educación destinada a formar y no a lo contrario: la creación de subordinados en cadena, dirigida a enseñar para un aprendizaje cívico, útil y efectivo en aras a esa aspiración personal que obrará en beneficio generalizado y no lo opuesto: el inculcar ideología que desvirtúa la condición de persona libre y racional. La educación —me disculpo por así llamarla— impartida con afán aleccionador por la vorágine progresista de las dos orillas, impide que el que vale y lo demuestra pueda obtener premio a su esfuerzo e inteligencia al equiparar su nota con la de los inútiles y vividores fomentados por el pernicioso igualitarismo que diseminan cual dádiva las elites que no desean perder su poltrona. La educación si esfuerzo, sin mérito y sin notas altas de corte para las becas es un desastre y en particular para las familias de escasos recursos. Y la educación impartida por iletrados al servicio de la progresía, sector sindical y sector colocados, es otra de las causas de la ruina social. Mediante el control educativo se ha demolido España y se apoya a tiranos y se oculta y rehace la historia inconveniente para los militantes del ex novo.

Esta idea conjunta de configurar el trastoque de España, para sustituir la nación y la patria, historia incluida, por una invención arteramente encaminada a la definitiva liquidación de España, es rancia, porque viene de lejos, y evidente.

La democracia —separada del Estado de Derecho— se utiliza como excusa para cualquier ataque a la democracia vinculada al Estado de Derecho y al principio de legalidad; puesto que, valga la conclusión ecuménica, la democracia regida por el Estado de Derecho es un obstáculo infranqueable en el horizonte de los tiranos.

Octubre de 2017.

www.ingramcontent.com/pod-product-compliance
Lightning Source LLC
Chambersburg PA
CBHW070752240726

48654CB00007B/55